职业教育航空运输类专业"产教融合"新形态教材专家指导委员会

"十二五"职业教育国家规划教材
经全国职业教育教材审定委员会审定

四川省"十四五"职业教育
省级规划教材立项建设教材

MINHANG
FUWU
XINLI YU SHIWU

■职业教育航空运输类专业"产教融合"新形态教材■

民航服务心理与实务

第2版

总主编：魏全斌
主　编：贺继明　何　梅
副主编：李玉龙　张　博　李佳锐　向　庆
参　编：刘　阳　周　洁　张　敏　李京阳

北京师范大学出版集团
BEIJING NORMAL UNIVERSITY PUBLISHING GROUP
北京师范大学出版社

图书在版编目（CIP）数据

民航服务心理与实务／贺继明，何梅主编 . —2 版 . —北京：
北京师范大学出版社，2024.8（2025.8 重印）
　ISBN 978-7-303-29413-8

　Ⅰ . ①民…　Ⅱ . ①贺…　②何…　Ⅲ . ①民用航空 – 旅客运
输 – 商业心理学 – 高等职业教育 – 教材　Ⅳ . ① F560.9

　中国国家版本馆 CIP 数据核字（2023）第 203791 号

MINHANG FUWU XINLI YU SHIWU
出版发行：北京师范大学出版社 https://www.bnupg.com
　　　　　北京市西城区新街口外大街 12–3 号
　　　　　邮政编码：100088
印　　刷：北京天泽润科贸有限公司
经　　销：全国新华书店
开　　本：889 mm × 1194 mm　1/16
印　　张：13
字　　数：199千字
版　　次：2024年8月第2版
印　　次：2025年8月第2次印刷
定　　价：45.00元

策划编辑：王云英　　　　　　　责任编辑：朱冉冉
美术编辑：焦　丽　　　　　　　装帧设计：焦　丽
责任校对：陈　荟　　　　　　　责任印制：赵　龙

本教材系职业教育航空运输类专业"产教融合"新形态教材之一，是国家示范性职教集团泛美航空职业教育集团和商用飞机行业产教融合共同体的产教深度融合的建设项目之一。本教材于2012年首次出版，于2014年获批"十二五"职业教育国家规划教材，2023年立项四川省"十四五"职业教育省级规划教材。

本教材在第一版的基础上修订，以习近平新时代中国特色社会主义思想和党的二十大精神为指导，落实立德树人根本任务，遵循教材建设规律、职业教育教学规律，符合职业院校学生的认知特点。教材共分为四个模块，分别是：模块一 从"心"开始，开启旅程；模块二 知己知彼，认识旅客；模块三 贴心服务，温暖旅客；模块四 提升素养，服务旅客。本教材有如下特点。

第一，校企合作，双元开发。本教材由四川西南航空职业学院组织编写，由泛美航空职业教育集团和商用飞机行业产教融合共同体合作完成，汇聚了中国民航大学、四川西南航空职业学院、成都航空职业技术学院的一线教师与中国商用飞机有限责任公司四川分公司、成都航空有限公司等企业专家，团队成员的丰富教学经验、学术造诣以及行业经验确保了教材的科学性、实用性与适用性。

第二，思政融入，价值导向。教材全面落实课程思政的要求，通过展示民航服务过程中旅客和服务人员的心理规律及行为，培养学生崇尚宪法、遵纪守法、崇德向善、诚实守信、尊重生命、热爱劳动的品质，培养学生的社会责任感和社会参与意识；引导学生践行"忠诚担当的政治品格，严谨科学的专业精神，团结协作的工作作风，敬业奉献的职业操守"的当代民航精神；使学生具有安全意识和良好的服务意识；引导学生树立正确的世界观、人生观和价值观。

第三，内容科学，体例创新。本教材依据职业教育国家教学标准体系，对接职业标准和岗位能力要求，体现产业发展的新技术、新工艺、新规范、新标准，深入挖掘民航服务企业的实际工作需求和岗位要求，确保教材内容与当前民航服务岗位需要的无缝衔接。教材以项目任务为载体，体现了职业教育的类型特点；提供了大量的案例分析和实际情境，让学生能将所学的理论更好地迁移到实际工作需要中。结合学生特点，编者力求文字简洁、通俗易懂，设置了项目导入、心理沙龙、连线职场、任务单等环节，采用图表、图片等形式，增强内容的趣味性和易读性。

第四，资源丰富，是新形态教材。在修订过程中，编者联合行业、企业专家，收集真实工作案例，配备丰富的教学资源，体现了"岗课赛证"融通的理念。本教材在设计和呈现上充分体现了职业教育新形态教材的理念，结合融媒体和数字化技术，适应学习者的需求。

本教材的编写凝聚了中国民航大学教授邹铁夫等一线教师和中国商用飞机有限责任公司四川分公司、成都航空有限公司服务管理中心副总经理马晶等交通运输行业的优秀技术专家的心血。本教材由魏全斌担任总主编，贺继明、何梅担任主编，负责整体筹划建设思路，拟定具体的编写方案。李玉龙、张博、李佳锐、向庆担任副主编，协助主编统筹安排，协调行业专家进行教材资源开发。本教材内容编写具体分工如下：项目一、项目二、项目三由周洁编写，项目四、项目五、项目六由张敏编写，项目七、项目八由李佳锐编写，项目九、项目十由刘阳编写。刘浩宇、李玥汐也对本教材的出版作出了贡献。

本教材不仅适用于民航专业院校的教学，也可以作为航空公司的培训教材。本教材的编写得到了全国各大航空公司和机场服务知名企业的专家提供的优秀建议，这些建议有效地保证了本教材与民航服务企业的实际工作要求相吻合，在此表示衷心的感谢。

由于编者水平有限，教材难免存在不足之处，恳请广大读者提出宝贵意见，以便我们进一步修订完善。

　　《中华人民共和国国民经济和社会发展第十四个五年规划和 2035 年远景目标纲要》明确提出："突出职业技术（技工）教育类型特色，深入推进改革创新，优化结构与布局，大力培养技术技能人才。完善职业技术教育国家标准，推行'学历证书 + 职业技能等级证书'制度。创新办学模式，深化产教融合、校企合作，鼓励企业举办高质量职业技术教育，探索中国特色学徒制。实施现代职业技术教育质量提升计划，建设一批高水平职业技术院校和专业，稳步发展职业本科教育。"2019 年国务院发布的《国家职业教育改革实施方案》明确指出："牢固树立新发展理念，服务建设现代化经济体系和实现更高质量更充分就业需要，对接科技发展趋势和市场需求，完善职业教育和培训体系，优化学校、专业布局，深化办学体制改革和育人机制改革，以促进就业和适应产业发展需求为导向，鼓励和支持社会各界特别是企业积极支持职业教育，着力培养高素质劳动者和技术技能人才。"

　　近年来，随着社会、经济的进步，民航业得到空前发展。民航业的发展需要大量品德高尚、素质优良、技能娴熟的一专多能的民航服务人才。正因为如此，一批办学理念先进、教学与实习实训设备精良、师资力量雄厚的民航服务类学校或专业应运而生，为促进民航服务业的发展做出了重要贡献。

　　要培养高素质的民航服务人才，离不开高质量的学校，离不开高水平的教师，更离不开理念先进、内容丰富、形式新颖的精品教材。为此，我们组织全国行业职业教育教学指导委员会、全国中等职业教育教学改革创新指导委员会、职业教育教学研究机构的专家、全国近 20 家民航服务企业的行家，以及具有丰富的民航服务专业教学与教材编写经验的优秀教师群策群力编写了本教材。

本教材立足国内近 20 家民航服务企业相关工作岗位对人才素质与能力的要求，针对民航服务专业学生职业生涯发展的需求编写。在内容上，本教材涵盖民航服务的典型工作任务，体现了"贴近社会生活、贴近民航服务工作实际、贴近学生特点""与职业岗位对接、与职业资格标准对接、与实际工作过程对接"的"三贴近""三对接"的特点，注重学生职业核心能力的培养。在形式上，本教材按照"具体—抽象—实践"的逻辑顺序，设计了"相关链接""想一想""读一读""练一练""思考与练习"等栏目，以图文并茂的方式突出了教材的可读性与互动性，既方便教师的教，也方便学生的学。本教材既可作为职业院校航空服务专业学生的教材，也可作为民航企业员工培训教材或参考资料。

本教材在编写过程中，得到了中国民用航空厦门安全监督管理局局长陈铁民、重庆江北国际机场安检站站长裴明学、厦门国际航空港股份有限公司副总经理兼安检护卫部经理张波等民航服务企业的行家，以及四川西南航空职业学院、成都泛美航空旅游中等职业技术学校提出的宝贵意见与建议。全国各大航空公司、机场服务企业知名专家领导对教材的内容、编写体例等提供了大量的建议，有效地保证了本教材与民航服务企业的实际工作要求相吻合，在此一并表示衷心的感谢。本教材由魏全斌担任主编，裴明学、雷朝晖、贺文宁、李琼担任副主编。在编写本教材的过程中，我们参阅了相关论著与资料，引用了一些最新的研究成果，但由于联系方式不准确，未能一一取得原成果作者的同意，敬请原成果作者谅解并与我们联系，并在重印或再版时根据原成果作者的要求进行相应的调整。

由于编者水平有限，教材中难免有不当之处，恳请广大读者提出宝贵意见，以便我们修订时加以完善。

目录
CONTENTS

001

模块一
从"心"开始，开启旅程

025

模块二
知己知彼，认识旅客

■ 模块一

从"心"开始，开启旅程

项目一 走进民航服务心理

■ 项目导入 ■

欢迎踏上民航服务心理的探索之旅！在这个丰富多彩的世界里，我们将揭开心理学神秘的面纱，深入挖掘它的无穷奥妙。首先，我们将追溯心理学的源头。其次，我们将拨开心理学研究的重重迷雾，走进那个充满奇迹和惊喜的心理世界。我们将探索它是如何用不同的方法和视角来看待我们的情感、思想和行为的。最后，我们将着重介绍心理学的研究目标，理解心理学家是如何通过研究来深化对人类心理的认识的。这不仅仅是一门学科，更像是一把神奇的钥匙，可以打开理解人类行为和情感的大门，让我们更好地理解自身和周围的世界。心理学如何揭示民航服务中的奥秘呢？走进这个知识的宝库，我们一起去解锁心理学的神秘力量，变身心理探索者，开启一段崭新而又刺激的学习旅程吧！

■ 心理沙龙 ■

活动名称：心理学时间线

活动目的：

1. 更好地理解心理学的发展历史和研究领域；

2. 提高团队合作和研究能力；

3. 激发对民航服务心理学的兴趣。

活动时间：45 分钟。

活动材料：纸、笔、网络 / 图书资源。

活动步骤：

1. 导入活动：教师简要介绍心理学的概念及其在民航服务中的重要性。

2. 分组讨论：将学生分成若干小组，每组 4～5 人，每组选择心理学的一个时期或一个重要心理学家来进行研究。

3. 资料收集：学生需要在有限的时间内（如 15 分钟）利用网络或图书资源收集到相关的信息，信息可以包括该时期的重要发现、理论、心理学家的贡献等。

4. 时间线创建：每组用纸和笔来创建时间线并展示。它可以包括重要的日期、发现及心理学家的照片等。

5. 展示与分享：每组轮流向班级展示他们的时间线，并分享他们的发现。

6. 总结与反思：在所有的组都展示完后，教师可以指导学生进行全班讨论，帮助他们总结心理学的发展和它在民航服务中的应用。

情境再现 ▶ ▶ **平安是烦琐之外的"小体谅"**

"能不能不脱外套？不是很方便。"在安全门外，周女士有些尴尬地问前门检查员小张。小张回复道："不好意思女士，您的大衣较厚，为了确保安全，需要彻底地检查，请您配合我们的工作。如果确有不便，还请您移步至我们的特别检查室。"

据了解，早在3年前，为向旅客提供更加舒适、温馨的过检环境，重庆江北机场安全检查站重新装饰了特别检查室，并在室内配备了便于安全检查或化解尴尬的助行器、义肢检查袋、毛毯、梳妆台等。特别是随着季节的变化，旅客出行的衣着也随之发生改变。然而为确保安全，在检查过程中难免会有脱衣、脱鞋等检查流程，为了充分尊重旅客的隐私，重庆江北机场安全检查站再次梳理流程，在日常检查中遇到旅客提出要单独检查时，可在烦琐之外有"小体谅"，让旅客移步至特别检查室进行检查，切实履行"平安最大"的服务职责。

人们都希望得到他人的尊重，尤其是年长及有特殊情况的旅客更在乎别人对他们的态度。有时一个简单的称呼、一句不经意的话，如果使用不当，就会引发旅客的对立情绪。所以，尊重旅客，不仅是礼貌服务的要求，还是完美服务的体现。本案例中的机场工作人员，在服务过程中切实从旅客的需求出发，能够为特殊旅客做好服务，在尊重特殊旅客需求的同时，及时顾及旅客的心理需要和感受。

心理学在社会中运用得颇为广泛，在各行各业中所发挥的作用也很明显。例如，在管理心理学中，管理者若会运用心理学理论，将大大提升员工的工作效率。同样，在民航服务中，我们若能懂得一些心理学知识，了解旅客的心理，并适时地将其运用于服务的每个环节乃至点滴工作中，会避免一些不必要的纠纷，从而为旅客提供更优质的服务。

任务一
揭开心理学的神秘面纱

任务单▼

名称	内容	备注
任务目标	了解心理学的起源和发展； 了解心理学流派和相关观点； 能运用心理学分析民航服务中的心理现象，提高民航服务质量和乘客满意度； 提升批判性思维能力，能够对心理学理论和实践进行辩证思考； 提升职业道德素养，注重在民航服务过程中对乘客心理需求的关注和尊重。	
任务要点	心理学的产生和发展； 心理学的主要流派； 心理学的研究内容。	
任务实施	学习前查阅相关知识点； 学习中积极参加课堂互动； 学习后巩固所学知识点，完成课后任务。	
任务运用	通过学习，明白每个乘客都有自己的独特心理需要和期望，作为民航工作者，我们应该运用心理学的知识来提高服务质量，满足乘客的需要。	
任务反思	学习心理学的基本概念和理论使我对民航服务中的工作有了更深的认识。	

想一想▼

心理学是如何产生和发展的？它和航空服务有什么关系？

知识探究▼

自古以来，人类在探索自然界奥秘的同时，也在不断地探索人类自身的奥秘，尤其是心理的奥秘。随着社会的不断进步，物质生活的日益丰富，人们越来越关注精神世界，越来越关注人的个性、尊严和价值。而心理学的主要任务就是探索心理现象的发生、发展和变化的规律。

一、心理学的产生和发展

心理学是一门以解释、预测和调控人的行为为目的，通过研究、分析人的行为、揭示人的心理活动规律的科学。[①] 它兼有自然科学和社会科学的双重性质。由于人的心理活动是在头脑中产生的，因此它必然会受到生物规律的影响和支配；同时人是高度社会化的动物，一切活动都不能摆脱社会、文化方面的影响，因而心理学又具有社会科学的性质。

（一）心理学的产生

心理学是一门古老而又年轻的科学。从古代一直到 19 世纪中叶，心理学的知识融汇在哲学和神学的内容体系中，心理学家往往成了哲学家、神学家、医学家或其他科学家的另一个头衔。我国古代的有关哲学、医学、教育学和文艺理论等的许多著作，也蕴含着丰富的心理学内容。我国古代思想家墨翟、荀子、王充等人都有不少关于心理学的论述。例如，荀子在《天论》中提出"形具而神生"，认为精神现象是依赖形体而存在的。在欧洲，心理学的历史可以追溯到古希腊柏拉图（Plato）、亚里士多德（Aristotle）的时代。古希腊学者亚里士多德的著作《论灵魂》是历史上第一部论述心理现象的著作。

在西方，从文艺复兴到 19 世纪中叶，哲学家一直把人的心理特性作为研究的对象。这段时期，英国的培根（Francis Bacon）、霍布斯（Thomas Hobbes）、洛克（John Locke）等人，以及 18 世纪末法国的百科全书派的思想家，都试图纠正中古时代被神学歪曲了的心理学思想，并赋予其科学的解释。

19 世纪中叶，生产力得到了进一步发展，自然科学也随之取得了长足的进步，科学的权威性在人们的头脑中逐步"生根"。这时，作为心理学孪生学科的生理学也接近成熟，心理学开始摆脱哲学的一般讨论而转向具体问题的研究，逐渐从哲学中分化出来。这种时代背景为心理学成为一门独立的学科奠定了基础。1879 年，冯特（Wilhelm Wundt）建立了第一个心理学实验室，这标志着科学心理学的诞生。19 世纪末，心理学成为一门独立的学科。

（二）心理学的发展

19 世纪末至 20 世纪初，各流派在研究心理学的过程中都存在尖锐的分歧。各流派之间的纷争对心理学的发展起到了积极的作用。学者们或反对或继承冯特的思想，或独树一帜，自此，心理学领域出现了上百个流派，且遍布世界各地。

[①]　参见彭聃龄:《普通心理学》（第 5 版），北京，北京师范大学出版社，2019。

经过一百多年的发展，心理学已具有了众多分支学科，形成了一个庞大的学科体系，如普通心理学、社会心理学、教育心理学、发展心理学、实验心理学、生理心理学、变态心理学、法律心理学、管理心理学、消费心理学、差异心理学、旅游心理学、广告心理学、营销心理学等。民航服务心理学，也属于这个学科体系。随着人类社会实践活动的发展，分工越来越细，心理学及其分支学科还会不断地增加。心理学研究的细化，可以帮助我们更好地描述心理现象和探索心理规律。

心理学在发展过程中，逐渐形成如下主要流派。

1. 构造主义心理学流派

构造主义心理学流派主要代表人物是冯特和他的学生铁钦纳（E. B. Titchener），构造主义心理学流派于 1899 年产生于德国，是自心理学独立后的第一个心理学流派。构造主义心理学派认为，心理学的研究对象是意识经验，即心理经验的构成元素及其结合的方式与规律，并主张心理学应该用实验内省法研究意识经验的内容或构造，找出意识的组成部分及它们结合成各种复杂心理过程的规律。

2. 行为主义流派

行为主义流派（又称早期行为主义流派）于 1913 年产生于美国，其创始人是华生（J. B. Watson）。这一流派不同意心理学探讨意识的观点，认为心理学是行为的科学，心理学的目的应是寻求预测与控制行为的途径。他们认为心理学应当研究"客观观察所能获得的并对所有的人都清楚的东西"，也就是人的行为，并提出"刺激—反应"（S-R）的行为公式。

新行为主义流派的主要代表人物是托尔曼（E. C. Tolman）、赫尔（C. L. Hull）、斯金纳（B. F. Skinner）。新行为主义流派认为，有机体不是单纯地对刺激做出反应，它的行为总是趋向或避开一个目标。因此，他们在"刺激—反应"过程中，加进一个中介变量（O），使新行为主义的模式成为"S-O-R"。这是西方现代心理学的主要流派之一。

3. 格式塔流派或称完形流派

该流派于 1912 年产生于德国，其创始人为韦特海默（M. Wertheimer）、考夫卡（K. Koffka）、苛勒（W. Kohler），后期代表人物有勒温（K. Lewin）。

心理学的流派

这是西方现代心理学的主要流派之一。该学派反对构造主义的元素主义和行为主义的"S-R"公式，主张心理学应该研究意识的完形或整体结构，并认为整体不等于部分之和，意识不等于感觉、情感的元素的总和，行为也不等于反射弧的集合，思维也不是观念的简单联结。

4.精神分析流派或称心理分析流派

精神分析流派产生于1900年，其创始人是奥地利精神病学医师、心理学家弗洛伊德（S. Freud）。这一流派的理论在20世纪20年代广为流传，颇具影响力。弗洛伊德认为，人的心理可以分为两部分：意识与潜意识。潜意识不能被意识到，它包括原始的盲目冲动、各种本能以及出生后被压抑的动机与欲望。弗洛伊德强调潜意识的重要性。他把人格分为本我、自我、超我三部分，其中本我与生俱来，包括先天本能与原始欲望；自我由本我分出，处于本我与外部世界之间，对本我进行控制与调节；超我是"道德化了的自我"，包括良知与理想两部分，主要职能是指导自我去限制本我的冲动。三者通常处于平衡状态，若平衡被破坏，就会导致精神疾病。

5.认知流派

认知心理学始于20世纪50年代中期，60年代后迅速发展。1967年美国心理学家奈塞尔（U. Neisser）的《认知心理学》一书的出版，标志着这一流派理论的成熟。广义的认知心理学还应该包括皮亚杰（J. Piaget）的发生认识论。他把人的认识发展看成一种建构的过程，并仔细研究这一过程的发展阶段。狭义的认知心理学是指用信息加工的观点和术语解释人的认知过程的科学，因此，也叫信息加工心理学。

6.日内瓦流派

日内瓦流派与瑞士心理学家、日内瓦大学心理学教授兼卢梭学院院长皮亚杰的名字分不开，日内瓦流派的研究侧重儿童智力发展的认知活动，皮亚杰以其创造性的研究影响了当代心理学界，他以儿童心智发展为基础，进而研究人类认知的发生和变化，创立了认识发展阶段理论。

日内瓦学派认为，心理学研究不仅不能离开生物学而且不能离开逻辑学，皮亚杰用符号逻辑研究儿童智力的发展，在其认知心理学中引入了数理逻辑的概念，并把源于布尔代数的符号逻辑作为一种工具。

7. 人本主义心理流派

人本主义心理流派是由美国心理学家马斯洛（A. Malow）和罗杰斯（C. Rogers）于 20 世纪 50 年代末 60 年代初创建的。他们既反对精神分析流派贬低人性、把意识经验还原为基本驱力，又反对行为主义流派把意识看作副现象，认为人不是"较大的白鼠"或"较缓慢的计算机"，主张研究人的价值和潜能的发展。他们相信人的本质是善良的，人有自我实现的需要和巨大的心理潜能，只要有适当的环境和教育，人们就会完善自己、发挥创造潜能，达到某些积极的社会目的。为此，他们从探讨人的最高追求和人的价值角度，认为心理学应改变对一般人或病态人的研究，而成为研究健康人的心理学，揭示发挥人的创造性动机、展现人的潜能的途径。该流派被称为心理学的"第三势力"。

二、心理学的研究内容

（一）心理学的含义及研究内容

心理学是研究人的心理现象发生、发展规律的一门科学。

心理学所研究的心理现象，包括心理过程、心理状态和心理特征，意识活动和潜意识活动，常态心理和变态心理，个体心理和群体心理等。

心理学包括如下研究内容。

1. 心理过程

每一种心理现象从发生到发展再到结束的过程被称为心理过程。心理过程通常包括认知过程、情绪情感过程和意志过程。感觉、知觉、记忆、思维、想象等为认知过程；喜、怒、哀、乐、惧、恨，忧郁、美感、孤独感、理智感、自豪感、自卑感等为情绪过程；服从、决定、执行、控制、约束、努力等为意志过程。上述这些心理现象都有一定的心理操作的加工程序，因而被称为心理过程。

2. 心理状态

心理状态是人在一定时间内各种心理活动的综合表现，如注意、疲惫、紧张、轻松，悲伤、愉快等。它是心理过程的相对稳定状态，其持续时间可以是几小时、几天或几周。它既不像心理过程那样动态变化，也不像心理特征那样持久稳定。

心理学的研究内容

3. 心理特征

心理特征是个体在社会活动中表现出来的比较稳定的特点。例如，有的人观察力敏锐、精确，而有的人观察力迟缓、粗略；有的人情绪稳定，而有的人情绪易波动等。

4. 意识

意识是对个体自身、个体行为、个体周围环境的觉察。意识是大脑中进行的一种以信息流动、信息处理为主要形式的活动，在活动中有时也有肢体运动参与。意识使我们能够认识事物、评价事物，认识自身、评价自身，改变环境、改变自身。

5. 潜意识

潜意识是指潜隐在意识层面之下的、没有被觉知到的所有经验。无法回忆起的记忆或无法被理解的情绪常常属于潜意识。例如，你正要向你的家人介绍你的朋友，却突然忘记了朋友的名字。虽然你暂时忘记了，可事实上你并没有忘记，以后还会想起来。潜意识中的一些东西也会闯入意识之中，如失言、笔误等，就会把自己潜意识的愿望表露出来。而有意识的动作或经验又有可能在梦境、联想中表现为潜意识的东西。

6. 个体心理

个体心理是指个体在特定的社会组织中所表现出的心理现象和行为规律。个体心理主要包括个性心理发展的过程及个性心理特征的表现形式，社会认知的调整、需要和动机，以及动机的激发、态度的形成与改变、行为挫折与克服等内容。

7. 群体心理

群体心理是指普遍在其成员的头脑中存在的，反映群体社会状况的共同或不同心理状态与倾向。所有复杂的管理活动都涉及群体，如果没有群体成员间的协同努力，群体目标就难以实现。由于群体成员的相互影响的存在，这种状态与倾向已不是简单的个人特征，而是群体的特点。

群体心理与个体心理是密切关联的：一方面，没有个体心理，群体心理就没有基础；另一方面，个体作为群体的成员，其心理状况必定会受到群体心理倾向的感染与影响。例如，一个人心情不愉快时，欢快的群体心理气氛会使他受到感染，忘记烦恼。相反，如果群体有不良的心理氛围，如不信任、猜忌，这些特征最终也会投射到个体身上，成为个体的特点。

因此，心理学是一门研究人的心理活动规律的科学。人的心理活动包括外显的行为和内隐的心理历程。心理学者尽可能地按照科学的方法，间接地观察、研究或思考人的心理过程（包括感觉、知觉、注意、记忆、思维、想象和言语等过程）是怎样的，人与人有什么不同，为什么会有这样和那样的不同，即人的人格或个性，包括需要与动机、能力、气质、性格和自我意识等，从而得出适用于人类的、一般性的规律，继而利用这些规律，更好地服务于人类的生产和实践活动。

心理学研究的范围很广，除人的外显的行为和内隐的心理历程外，还包括部分生理过程，如神经系统尤其是脑机制和内分泌系统。心理学也研究动物心理，研究动物心理的主要目的是深层次地了解、预测人的心理的发生、发展的规律。

（二）心理的实质

心理的实质是指心理是脑的机能，任何心理活动都产生于脑，即心理活动是脑的高级机能的表现。

1.大脑的结构与机能

（1）大脑的结构

脑干，包括延脑、脑桥和中脑。延脑在脊髓上方，背侧覆盖着小脑。其作用为支配呼吸、排泄、吞咽等活动，延脑又叫"生命中枢"。脑桥在延脑上方，是中枢神经与周围神经之间传递信息的必经之路，它对人的睡眠有调节和控制作用。中脑位于丘脑底部，小脑和脑桥之间。

间脑，包括丘脑和下丘脑。所有来自外界感觉器官的信息均通过丘脑导向大脑皮层，从而使个体产生视、听、触、味的感觉。丘脑对控制睡眠和觉醒有重要意义。下丘脑可通过植物性神经系统调节内脏活动，对维持体内平衡、控制内分泌系统腺体的活动有重要意义。

小脑，小脑表面有许多大致平行的线沟，沟间为叶片。小脑包括小脑皮层和髓质。小脑的作用主要是协助大脑维持身体的平衡与协调动作。

大脑的结构包括三大沟裂和四大叶。三大沟裂：中央沟、外侧裂和顶枕裂。四大叶：额叶、顶叶、枕叶和颞叶（图 1-1）。大脑半球表面覆盖的大量神经细胞和无髓神经纤维，叫灰质，也就是大脑皮层。大脑半球内面的大量神经纤维的髓质，叫白质。大脑还有联系左右脑的胼胝体。

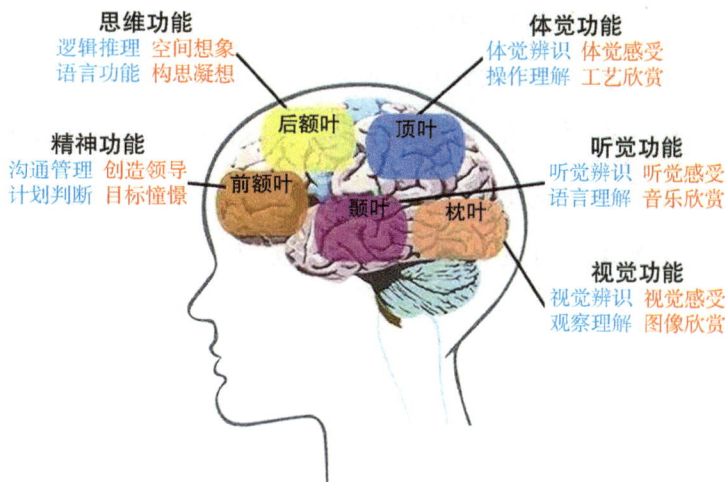

图 1-1 大脑的结构

（2）大脑的分区和机能

1909 年，布鲁德曼（Brodmann）将大脑皮层分成初级感觉区、初级运动区、言语区和联合区。

初级感觉区，包括视觉区、听觉区和机体感觉区。视觉区，第 17 区，产生初级视觉；听觉区，第 41、第 42 区，产生初级听觉；机体感觉区，第 1、第 2、第 3 区，产生触压觉、温度觉、痛觉、运动觉和内脏感觉。躯干、四肢在体感区的投射关系是左右交叉、上下倒置。

初级运动区，主要指第 4 区，其功能是发出动作指令，支配和调节身体在空间的位置、姿势及身体各部分的运动。

言语区，主要定位于大脑左半球。其中有一个言语运动觉布罗卡区，即布鲁德曼的第 44、第 45 区。这个区域损坏会引发运动失语症。韦尼克区是一个言语听觉中枢，这个区域损伤将会引起听觉失语症。

联合区，主要包括感觉联合区、运动联合区和前额联合区。

大脑的左右半球的功能是不同的。左半球主要负责语言功能，负责言语、阅读、书写、数学运算和逻辑推理。右半球则主要负责知觉物体的空间关系、情绪、欣赏音乐和艺术等。

边缘系统，主要包括扣带回、海马回、海马沟及其附近的大脑皮层。边缘系统与动物本能和记忆有关。

相关链接 ▼

斯金纳的经典反射实验

美国心理学家斯金纳，创立了条件反射实验，又称操作性条件反射。斯金纳将饥饿的白鼠置于箱中，起初白鼠在箱中胡乱碰撞，偶尔碰到或踩到杠杆，自动装置就送来食物。经过多次重复，白鼠的适应动作得以强化。白鼠反复地尝试错误，最后形成自动地踩压杠杆的条件反射就是操作性条件反射。

2. 心理的实质

如下两个方面构成了心理的实质。

第一，心理是脑的机能。

法国哲学家笛卡儿（R. Descartes）提出了反射概念。他认为动物和人的一切不随意活动都是对外界刺激的自动反应，这种反应就是反射。后来俄国生理学家谢切诺夫（Sechenov）出版《大脑反射》一书，正式提出了反射学说。他说："有意识的和无意识的一切活动，就其发生的方式而言，都是反射。"

按照产生的条件，反射可以分为非条件反射和条件反射。非条件反射是个体在种系发展过程中遗传下来的神经通路，不需要后天的学习和训练，只要有相应的刺激就会引起个体规律性的反应。非条件反射有大脑皮层以下的神经中枢参与即可完成，如食物反射、防御反射、抓擦反射等。条件反射是个体在生活过程中后天获得的反射。它是在大脑皮层中实现的。比如，人在吃酸枣时会分泌唾液，这是非条件反射，但每次吃酸枣时都感知到了酸枣的形状、颜色和味道，经过多次的结合，后来只要一看到或想到酸枣就会分泌唾液，这就是条件反射。条件反射是心理活动产生的生理基础。

第二，心理是脑对客观现实的反映。

人的心理现象，不论是简单的，还是复杂的，都是人脑对客观现实的反映。客观现实是指人所处的自然环境、社会生活、家庭与学校的教育影响以及其他人的言语和行为等。科学心理学认为，社会生活对人的心理起着决定作用，仅仅有高度发达的大脑并不能保证人的心理的发生和发展。

三、心理学的研究目标

心理学研究的最终目标是，用研究成果为人类实践服务，并丰富、完善本学科的体系内容。具体来说，心理学研究的内容是：心理与脑的关系，即脑如何产生心理；客观现实与心理的关系，即客观现实转化成心理的方式和途径；心理过程与个性心理的关系，即二者如何相互影响；心理与活动的关系，即活动如何影响心理发展变化及心理如何调节、支配活动。因此，心理学既是一门理论学科，也是一门应用学科，包括理论心理学与应用心理学两大领域。

心理学研究涉及知觉认知、情绪、人格、行为和人际关系等许多领域，也与日常生活的许多领域，如家庭、教育、健康等密切相关。心理学一方面尝试用大脑运作机制来解释个体基本的行为与心理机能；另一方面，也尝试解释个体心理机能在社会行为与社会动力系统中扮演的角色。同时它也与神经科学、医学、生物学等科学有关，因为这些科学所探讨的生理作用会影响个体的心智。心理学通过这些研究揭示其中的规律，为人类实践活动服务。

总而言之，心理学是研究人的行为与心理活动规律的科学。简单地说，心理学就是通过统计的方法，找到人的某种行为与某种心理活动的相关联系，将这种联系加以总结，最终使所得的结论服务于应用心理学。近年来，心理学迅速发展，心理学的研究领域日渐扩大，它正在成长为一棵枝叶繁茂的科学大树，实现人对心理活动的有效调节，提高人类的生活质量。

相关链接 ▼

心理健康的标准

1986 年，郭念锋先生在《临床心理学导论》一书中，提出了评估心理健康水平的十条标准。

（1）周期节律性。人的心理活动在形式和效率上都有着自己内在的节律性，比如白天思维清晰，注意力高，适于工作；晚上能进入睡眠，以便养精蓄锐，第二天有精力工作。如果一个人每到晚上就睡不着觉，那表明他的心理活动的固有节律处在紊乱状态。

（2）意识水平。意识水平的高低，往往以注意力水平为客观指标。如果一个人不能专注于某种工作，不能专注于思考问题，经常开小差或者因注意力分散而出现工作上的差错，就有可能存在心理健康方面的问题了。

（3）暗示性。易受暗示性的人，往往容易受周围环境影响引起情绪的波动和意志的动摇，有时表现为意志力薄弱。他们的情绪和思维很容易随环境变化，精神活动具有不太稳定的特点。

（4）心理活动强度。这是指对于精神刺激的抵抗能力。一种强烈的精神打击出现在面前，抵抗力差的人往往容易遗留下后患，可能因一次精神刺激而患上反应性精神病或癔症，而抵抗力强的人虽有反应但不得病。

（5）心理活动耐受力。这是指人的心理对于现实生活中长期反复出现的精神刺激的抵抗能力。这种慢性刺激虽不是一次性的强大、剧烈刺激，但久久不消失，几乎每日每时都要缠绕着人。

（6）心理康复能力。由于人们各自的认识能力不同，人们各自的经验不同，从一次打击中恢复过来所需要的时间也会有所不同，恢复的程度也有差别。这种从创伤刺激中恢复到往常水平的能力，被称为心理康复能力。

（7）心理自控力。情绪的强度、情感的表达、思维的方向和过程都是在人的自觉控制下实现的。当一个人身心十分健康时，他会十分自如，情感的表达恰如其分，辞令通畅、仪态大方，既不拘谨也不放肆。

（8）自信心。一个人是否有自信心是衡量心理健康的一个标准。自信心实质上是一种自我认知和思维的综合分析能力，这种能力可以在生活实践中逐步提高。

（9）社会交往。一个人与社会中其他人的交往，也往往标志着一个人的精神健康水平。当一个人严重地、毫无理由地与亲友断绝来往，或者变得十分冷漠时，这就构成了精神病症状，叫作接触不良。一个人如果过分地进行社会交往，也可能处于一种躁狂状态。

（10）环境适应能力。环境就是人的生存环境，包括工作环境、生活环境、工作性质、人际关系等。人不仅能适应环境，而且可以通过实践和认识去改造环境。

思考与练习▼

1. 心理学是如何产生的？

2. 心理学的研究目标是什么？

任务二
深入了解民航服务

任务单▼

名称	内容	备注
任务目标	了解民航服务的定义及其在民航业的重要性； 掌握民航服务的特征及民航服务的基本标准； 能够运用民航服务的特征和标准，对实际服务情况进行分析和评价； 能够根据旅客需求和心理特点，提供符合标准的人性化服务； 学习民航服务人员应具备的良好的职业道德和职业素养； 提高民航服务人员对旅客心理的敏感度和应对能力，提升服务质量。	
任务要点	民航服务的定义； 民航服务的特征； 民航服务的标准。	
任务实施	学习前查阅相关知识点； 学习中积极参加课堂互动； 学习后巩固所学知识点，完成课后任务。	
任务运用	增强部门之间的合作； 提高服务效率； 加强与乘客的沟通； 提高飞行安全。	
任务反思	通过学习民航服务的整体定义，我们意识到每个部门的工作都是一个整体服务链的重要环节。这种整体观念可以帮助我们更加客观地看待自己的工作及与其他部门的合作，从而提供更高效、连贯的服务。 认识到乘客满意度是一个重要的标准，我们就会更加关注与乘客的互动和沟通，确保他们的需求得到满足。	

知识探究▼

没有十全十美的产品，但有百分之百的服务。如今，市场竞争越来越激烈，企业对服务的重视程度越来越高，提升服务品质，已经不仅是提升企业竞争力的重要手段，而且成为决定现代企业成功的关键因素。为客户提供持续的优质服务是民航企业竞争的一把利器，是打造核心竞争力的重要内容。

一、民航服务

民航服务是指以民航旅客的需要为中心，为满足民航旅客的需要而提供的一种服务。从民航旅客的角度看，民航服务是民航旅客在消费过程中的感受，也可以说是航空公司及服务人员的表现带给他们的印象和体验。从航空公司的角度看，民航服务的本质是员工的工作表现。民航服务是航空公司提供给民航旅客的无形产品，而这个产品具有消费和生产同时发生的特性，具有不可储存性。

总的来讲，民航服务就是在服务人员礼貌、友善、和蔼可亲的接待中所营造的服务环境。良好的民航服务，应该让民航旅客能够产生温暖的、被关注的、被理解的宾至如归的美好感觉，并由此达到让民航旅客渴望再次体验的效果。

二、民航服务的特征

民航服务有与其他服务相同的地方，但也有自身的特征，其特征主要体现在以下几个方面。

（一）以民航旅客需要为中心

民航服务是为满足民航旅客需要而提供的，并让民航旅客感受到愉悦和快乐的服务。民航旅客为得到相应的服务已支付了一定的报酬，所以，民航服务人员需要围绕民航旅客的不同要求展开服务工作，努力使每一位民航旅客感到满意。

（二）即时性

即时性是指只有当民航旅客具有一定服务需要时，民航服务行为才能进行和完成。

（三）一次性

民航服务人员如果出现服务不周到、让民航旅客不愉快或不满意的情况，其在旅客头脑中的印象是很难改变的，甚至没有弥补的机会。

（四）无形性

民航服务能让人感受到，却看不见摸不着，民航旅客很难对服务质量做出精确判断，这就是它的无形性。这种无形性要求民航服务人员自身要有良好的综合素质，从而让民航旅客享受到优质的服务。

（五）灵活性

民航服务是针对民航旅客个体而进行的服务，不同的民航旅客有不同的服务需求，同一民航旅客在不同的时段也可能有不同的服务需求。这就要求民航服务人员要针对民航旅客的不同需求提供灵活多变的服务；同时也要求民航服务人员除了具备一定的专业知识和技能外，还应该掌握较为广泛的知识和技能，如旅游知识、心理学知识、礼仪知识等，来应对民航旅客需求的多样性，力求服务完美。

（六）系统性

民航服务涉及航空公司各个部门、各个环节，并且体现在具体的服务过程、服务程序和服务质量中，因而具有系统性的特点。

（七）差异性

不同的航空公司，不同的机场，不同的时间，不同的服务人员，其服务模式和形态会呈现出差异性。

（八）不可转让性

每一位民航旅客所接受的服务都是以当时为限的。航班不同，服务人员不同，民航旅客所接受的服务模式和服务态度也会不同，更无法将自己接受的服务转让给第三者去体验，这就使民航服务具有不可转让性。

三、民航服务的标准

民航服务是一门内涵很丰富的学问。它不仅要求民航服务人员用热情的笑容和尊重的态度去打动旅客，还要求他们用真诚的行为和恰当的方式去感动旅客，用心与旅客沟通，让服务真正地体现出应有的价值，从而体现出良好的企业形象。因而国际民航业对民航服务做出了统一要求。有关人士认为，民航服务的基本要求可以用英语单词"SERVICE"（服务）来进行诠释（图1-2）。

S，即 smile（微笑）。要求民航服务人员对每一位民航旅客提供微笑服务。

E，即 excellent（出色）。要求民航服务人员要将每一项微小的服务工作都

图 1-2　民航服务基本要求是 SERVICE

做得很出色。

R，即 ready（准备好）。要求民航服务人员要随时准备好为民航旅客服务。

V，即 viewing（看待）。要求民航服务人员把每一位民航旅客都看作需要特殊照顾的宾客。

I，即 inviting（邀请）。要求民航服务人员在每一次服务结束时，都要邀请民航旅客再次光临。

C，即 creating（创造）。要求民航服务人员要精心创造出使民航旅客能享受热情服务的氛围。

E，即 eye（眼光）。要求民航服务人员始终要用热情友好的目光关注旅客，预测旅客的需求，并及时提供优质服务，使民航旅客时刻感受到民航服务人员在关心自己。

思考与练习▼

1.民航服务的关键因素是（　　）。

A.航空公司　　B.机场　　C.旅客的满意度　　D.民航服务人员

2.案例分析：

旅客在某机票代售点预订了 1 月 16 日从南京市飞往乌鲁木齐市再飞往阿克苏市的航班。由于销售人员工作失误，将乘机日期看成了 12 月 16 日，电子客票行程单显示日期是"16 DEC"。由于旅客不懂英文，未及时发现错误，导致错过航班。旅客投诉后，销售人员责怪旅客不懂英文，未认真核对。

请问此案例中销售人员哪些地方做得不妥？

任务三
认识民航服务心理

任务单 ▼

名称	内容	备注
任务目标	了解民航服务心理学研究的对象； 熟悉民航服务心理学的研究内容； 能够运用民航服务心理学的知识，提升民航服务质量； 能够根据旅客需求和心理特点，提供符合标准的人性化服务； 学习民航服务人员对旅客心理的敏感度和关注度。	
任务要点	民航服务心理学的研究对象； 民航服务心理学的研究内容； 民航服务心理学的研究意义。	
任务实施	学习前查阅相关知识点； 学习中积极参加课堂互动； 学习后巩固所学知识点，完成课后任务。	
任务运用	提升服务水平； 提高沟通效果； 促进团队合作； 关注工作人员的心理健康。	
任务反思	作为民航服务人员，我们可以更好地理解和预测乘客的需要，以及自己和同事在面对日常工作压力与挑战时的心理反应。这种理解有助于我们提供更加人性化、高效的服务，并保持良好的心理健康状态。	

知识探究 ▼

为民航旅客提供高品质服务是航空公司在激烈的市场竞争中获胜的最佳途径。想留住民航旅客，就要用贴心、周到的优质服务留住旅客的心。

民航服务人员要想为民航旅客提供优质服务，除了必须成为专业上的强者、拥有很专业的服务素养外，还必须看懂民航旅客的心理动态，将心理和服务机智结合，以求得服务效果最大化。

此外，在日常生活中，有很多因素会影响我们的情绪，但是优秀的民航服务人员是不可以将自己的不良情绪带入工作中的。在民航服务中，民航服务人员要保证自己的情绪不轻易受外界影响，同时以良好和稳定的状态投入服务中，这就对民航服务人员自身的心理素质提出了要求，尤其是在一些特定环境下，民航服务人员一定要具备过硬的心理素质，方能做到处变不惊、从容优雅。

那么，充分学习心理学、掌握民航服务心理学的知识并在民航服务中有效应用就显得尤为重要。

一、民航服务心理学的研究对象

民航服务心理学属于心理学的一个分支学科，是心理学基本理论与方法在服务领域的应用与发展。

民航服务心理学是研究民航服务过程中作为主体的民航服务人员和作为客体的民航旅客个体、群体和组织的心理活动及其变化规律的科学。

民航服务心理学的研究对象包括民航旅客的消费心理和行为、民航服务人员的服务心理和行为。具体地讲，民航服务心理学既要研究民航旅客的服务需要、动机、情绪情感、社会文化等相关的心理活动特点和规律，又要研究民航相关服务人员，如机场商场的售货人员、机场地勤服务人员、机场宾馆服务人员、空中服务人员等的态度、需要、动机和人际关系等心理活动特点和规律。其中，有关民航旅客的心理研究是民航服务心理学主要的研究对象。

二、民航服务心理学的研究内容

（一）民航旅客的心理状态

民航服务心理学主要研究民航旅客的社会知觉、民航旅客的服务需要与动机、民航旅客的个性及文化背景。民航服务的目的是要提高服务质量，提高民航旅客的满意度。民航旅客是民航服务的对象，民航旅客的心理特点、心理需要影响着航空公司的决策及服务导向。研究民航旅客心理有利于民航服务人员更好地为民航旅客提供高质量的服务。

出现于近代的民航运输一开始就围绕着如何满足民航旅客的需要、更好地为民航旅客服务而谋求自己的发展道路。随着现代科技和工业的发展，大型、豪华、快速的飞机，消除了民航旅客畏途的心理。近年来，民航旅客不断地大幅度增加，与此同时，民航旅客对航空公司也提出了更高的要求，希望航空公司能为自己提供满意的服务，如安全、舒适、热心、尊重等心理需求的满足。民航旅客的这些心理活动、心理需要，是民航服务心理学所要研究的问题之一。也就是说，民航服务心理学要研究民航旅客在整个乘机过程中产生的各种需要，不同服务阶段民航旅客需要的表现，以及民航旅客的气质、性格、态度，并揭示民航旅客的心理规律。

（二）民航服务人员的心理素质

民航服务心理学还要研究民航服务人员的心理素质特点以及提高其心理素质的途径与方法，具体包括调节和控制情绪、把握和端正态度、完善与培养个性、应对挫折、协调与发展人际关系等方面。民航服务人员的心理素质对于为民航旅客提供安全、温馨、满意的服务有着至关重要的影响，同时还会在一定程度上影响民航旅客的心理舒适度。民航服务工作是由民航旅客和民航服务人员两方面组成的，如果只分析民航旅客的心理而忽视民航服务人员的心理，势必会造成对民航服务心理学的片面理解。另外，民航服务人员的心理品质、意志品质、情感品质、能力品质都会在服务工作中表现出来，其一言一行、一举一动都会对旅客的心理产生影响，并引起旅客相应的反应。例如，一名民航服务人员带着消极情绪上班，对民航旅客不理不睬、态度冷漠，这样的态度会引起民航旅客的不满，从而影响服务质量。所以，民航服务心理学不仅要研究民航旅客的心理，还要研究民航服务人员的心理，只有这样，才能全面地看待和分析问题，并从中找出规律，提高民航服务质量。

（三）民航服务人员的服务技巧

民航服务心理学研究的民航服务人员的服务技巧主要包括，与民航旅客的沟通技巧、客我交往技巧、处理冲突与投诉的技巧。民航服务人员懂得一些服务技巧，才能将服务人员的责任心、包容心、同情心、爱心、耐心等良好品质以及服务人员所具备的能力品质在服务过程中淋漓尽致地体现出来。因此，民航服务人员要利用民航服务心理学知识了解和掌握民航旅客的心理，研究和完善提高自己服务技巧的方法，从而提高服务质量。

三、民航服务心理学的研究意义

当今社会服务经济的出现使市场的需要发生了革命性的变化，服务成为竞争的核心，消费从注重产品的质量转化为注重产品的服务，因而服务质量和服务态度显得尤为重要。全球民航市场的竞争实际已发展成为价格、服务等多元化的竞争。近年来，中国的民航业迅速发展，但是民航业的迅速发展也使民航服务业面临着前所未有的挑战，即如何使服务更上一层楼，体现国际标准和中国特色。而要提高服务质量就必须研究民航服务过程中旅客和服务人员的一般心理，从中找出规律，为各航空公司的旅客服务工作提供一定的理论依据，从而提高航空公司的竞争力。

民航服务心理学研究的首要任务是满足民航旅客的需要，让民航旅客满意，进而为航空公司的发展增加经济效益和社会效益。这是航空公司的需要，是社会的需要，也是民航服务人员自身发展的需要。

（一）揭示民航旅客的心理规律

心理需要、动机是产生行为的内在动因，这是人类的一般心理规律。民航服务心理学要研究的是民航旅客乘机过程中的心理需要、动机和心理活动，如民航旅客乘机的原因、乘机过程中的需要及提出这些需要的原因，当需要得不到满足时旅客的行为表现、心理活动等。民航服务心理学的研究可以充分揭示这些规律，并用这些规律来指导民航服务工作，提高服务质量。同时，不同的民航旅客有不同的气质、性格，民航服务人员可以通过研究民航旅客的气质、性格差异，提供个性化的服务，从而使民航服务工作做得更加令旅客满意。

（二）揭示民航服务人员的心理规律

旅客是民航服务工作的接受者，处于被动地位，而民航服务人员是服务工作的实施者，处于主动地位。民航服务人员自身的素质、心理品质，都与服务质量的好坏息息相关。所以，研究民航服务人员的心理，可以揭示他们在服务工作中应该具备的优良心理品质，帮助他们养成良好的心理品质及纠正不良的心理品质等；让民航服务人员意识到，良好的心理品质既是做好民航服务工作的前提条件，也是民航服务人员的必备条件之一。

（三）揭示民航服务过程中服务人员与民航旅客交往的心理规律

民航服务工作是由一个个服务环节组成的、动态的服务过程。在这个过程中，民航旅客与民航服务人员在心理上的接触、情感上的相互影响，有时会直接影响服务过程的顺利进行，影响服务的质量。所以，民航服务心理学在研究民航旅客与民航服务人员心理的基础上，还要对服务过程中双方心理上、情绪上的相互影响进行研究，并揭示其变化、发展规律。同时，民航服务的环节和服务阶段多，如售票、值机、候机、机场餐厅、商场、机上服务，甚至机场宾馆等，它们形成了一个动态的过程。在每一个环节、每一个阶段，民航旅客都有不同的需要，民航服务人员也有不同的服务项目和要求。因而，民航服务心理学的研究还要揭示服务过程中每一个阶段的特殊性，指导民航服务人员应该怎样根据这一特殊性采取不同的服务。同时，民航服务心理学对服务过程中每一个环节之间的联系、衔接问题的研究分析，包括服务工作的联系和旅客心理上的多方面的延续或演变等，可以揭示旅客与服务人员在交往中情绪、心理的变化规律，而这些规律可以有效地指导民航服务工作，使民航服务工作保持一致性、整体性。

思考与练习▼

1.什么是民航服务心理学？民航服务心理学研究的内容以及意义是什么？

2.比一比，谁把自己的蓝图构画得更绚丽多彩：即将成为民航服务工作人员的你，如何把心理学知识巧妙地应用到今后的民航服务工作中？

■评价与反思■

随着完成项目一的学习，我们是时候停下来，回顾和反思所学的知识了。

我们首先揭开了心理学的神秘面纱，让它从一个高深莫测的学科变成了一个我们可以理解和探索的学科。我们了解了心理学的产生背景和它如何发展成了一个多元化和丰富的学科，探讨了各种各样的心理现象和理论。此外，我们还深入探讨了心理学的主要研究内容和目标，这让我们更好地理解了心理学如何帮助我们分析和理解人的行为和思想，特别是在民航服务领域。

　　现在，我们可以自问：我们是否更加理解心理学的基本概念和历史背景了？我们是否能够识别出心理学在民航服务中的应用，并开始思考如何将理论应用到实践中？

■学习评价单■

项目		分值	学生自评	教师评分
知识掌握	1. 民航服务的定义、特点和分类； 2. 民航服务心理学的研究对象； 3. 民航服务心理学的研究内容； 4. 民航服务心理学的研究意义。	30		
能力运用	1. 能运用心理学原理分析民航服务中的心理现象； 2. 能运用民航服务心理学知识，提升民航服务质量； 3. 能结合实际情况，提出改进民航服务心理策略的建议。	30		
素质提升	1. 提升了对旅客心理敏感度的关注能力； 2. 提升了人际沟通能力和心理素质； 3. 增强了持续学习意识。	30		
总结	请简要总结本项目学习的心得体会，包括学习成果、存在的问题和改进措施等。	10		

- 认识旅客的感知觉
- 明确旅客的需要
- 识别旅客的气质类型
- 识别民航服务中的情绪与情感
- 明确民航服务的态度要求

■ 模块二

知己知彼，认识旅客

项目二 认识旅客的感知觉

■项目导入■

　　你好，探险家！欢迎你来到民航服务心理学的奇妙世界，一个充满神秘和探索的领域。我们将在本项目探讨一个可能每天都在经历但未必留意的现象 ——"感知觉"。想象一下，我们走在机场的走廊上，各种声音、色彩和氛围让我们产生一种神奇的感知，但这其中又有哪些是影响我们判断的重要因素呢？在任务一，我们将走进这个令人惊奇的"感知觉"世界，探讨它如何塑造我们对民航旅行的体验。紧接着，我们将深入探索哪些神秘的因素能够影响民航旅客的感知觉，是什么使一段旅程变得愉快或不愉快？我们将一探究竟，挖掘隐藏在表面下的那些微妙的因素。我们将进一步探索民航服务人员如何看待和感知旅客。我们会发现，服务人员的感知并不总是准确的，他们可能会受到某些偏差的影响。这让我们不禁想知道，如何让这种感知更加贴近现实，从而提供更好的服务呢？

　　我们一起携手探索这个充满未知和奇迹的世界，一起踏上民航服务中感知觉的奇妙之旅吧！相信你会在这一路上找到许多令人惊奇和有趣的发现。准备好了吗？我们一起启程吧！

■心理沙龙■

　　活动名称：正念冥想

　　活动目标：

　　通过一系列简单的活动，更好地理解感知觉的神奇和复杂性，以及它是如何影响民航服务的。

　　所需材料：若干葡萄干。

　　步骤：

　　1.请确保每名学生都有一颗葡萄干。让学生找一个舒适的位置坐下，然后让他们闭上眼睛，放慢呼吸，开始集中注意力。

　　2.引导学生将注意力集中在手中的葡萄干上。让他们描述葡萄干的质地、重量和形状。

3.引导学生将葡萄干放到鼻子前，深深地闻一闻，描述它的气味。

4.让学生慢慢地将葡萄干放入口中，但不要立刻咀嚼。让他们用舌头探索葡萄干的表面，注意其在口中的感觉和味道的变化。

5.引导学生缓慢地咀嚼葡萄干，尽可能多地体验每一个细微的感觉和味道的层次。

6.当学生完全咀嚼了葡萄干后，引导他们聚焦于咽喉处，感受吞咽的过程。请他们慢慢地睁开眼睛，回到现实，然后分享他们的体验。

学习交流：这个活动不仅可以帮助学生深入探索感知的不同层面，而且可以让他们学会如何通过正念冥想来集中注意力和提高觉察力。希望通过这个小实验，学生可以更好地理解和体验到感知的奇妙和多元，开启他们对感知世界的新的认识之门。

情境再现 ▶▶

中国南方航空公司（以下简称南航）在提升客舱服务与体验方面，结合了客舱服务现有成形服务产品，不断研究和开发，推陈出新。其中，南航"木棉系"客舱服务创新产品获得了第五届CPASE航空服务奖，该创新型客舱服务为旅客带来了视觉、听觉、味觉和嗅觉全方位的贴心、舒适的沉浸式体验，获得了中国中央广播电视总台等媒体的宣传报道。

在视觉方面，一是以"美丽客舱"为主题，围绕"形象、语言、礼节、举止、出行"外塑南航乘务员高端职业形象，提升南航服务团队辨识度，强化品牌形象；二是推行"木棉国际"理念，打造有国际辨识度及影响力的服务；三是围绕传统节日营造具有文化内涵的客舱氛围；四是针对生日旅客推出"木棉心意"贺卡，传递祝福；五是面向无陪儿童旅客推出"木棉童飞"项目，陪伴儿童安心飞行。

在听觉方面，以"木棉花语"的文化标签推行微笑广播，传递南航声音。

在味觉方面，结合传统时节和中医养生理念研发"木棉四季"系列饮品，开设木棉空中茶苑，融合中式茶艺和西式下午茶。

在嗅觉方面，推行"木棉香薰"，定制客舱气氛，为旅客带去独具特色的南航气息，强化品牌形象。

任务一
探索奇妙的感知觉

任务单▼

名称	内容	备注
任务目标	了解感知觉的定义、类型与作用； 熟悉感知觉在民航服务中的应用； 学会运用感知觉原理分析旅客需要； 提升感知旅客需要的能力； 增强服务敏感度，提升旅客满意度； 提升观察能力。	
任务要点	感觉的定义，知觉的定义； 知觉的四个基本特征。	
任务实施	学习前查阅相关知识点； 学习中积极参加课堂互动； 学习后巩固所学知识点，完成课后任务。	
任务运用	优化环境设计； 提高服务质量； 培训与教育； 反馈与改进。	
任务反思	民航工作中，旅客在机场和飞机内的所有经验都涉及感知觉。从机场的标识、广播信息到机舱内的座位、灯光和音响，所有这些都会影响旅客的感知觉体验。民航服务人员需要了解旅客如何感知和解释这些刺激，以确保提供一致、舒适和满意的服务体验。	

知识探究▼

人们对客观世界的认知过程，是人们获得各种知识和经验所表现出来的心理活动的过程，是心理活动的基础和起步。这一过程是通过感觉、知觉、思维、想象、记忆等心理机能的活动完成的。

一、奇妙的探索——感觉

（一）感觉的含义

感觉是日常生活中常见的、较简单的心理现象。我们用眼睛看，用耳朵听，用鼻子闻……这些都是感觉。认知心理学认为，感觉是人脑对直接作用于感觉器官的客观事物的个别属性的反映，是产生一切较高级、较复杂心理现象的基础。人对客观世界的认识是从感觉开始的，感觉是最初级的认识活动，是最简单、最基本的心理活动，也是人的全部心理现象的基础。

例如，飞机有大有小，它们像展翅高飞的鸟，都由机头、机身、机翼、起落架等组成；在飞行时都发出轰隆隆的声音等。像展翅高飞的鸟、轰隆隆的声音就是飞机这一客观事物的个别属性。像展翅高飞的鸟是由飞机的外部轮廓作用于眼睛引起的，轰隆隆的声音是震动声波作用于耳朵引起的。我们的大脑接受和加工飞机的这些客观属性，这就是感觉。

通过感觉，我们能够认识外界物体的颜色、形状、气味、声音等，从而了解事物的各种属性。通过感觉，我们还能够认识到自己机体的各种状态，如饥饿、寒冷等，从而有可能实现自我调节，如感到饥饿则进食。

（二）感觉的种类

根据刺激来源划分，感觉可分为两大类：外部感觉和内部感觉。外部感觉是指由外部刺激引起的，反映外部事物个别属性的感觉，主要包括视觉，听觉，嗅觉，味觉和皮肤觉（触觉、压觉、振动觉、温觉、冷觉、痛觉、痒觉）。内部感觉是指由有机体内部刺激引起的，反映内脏器官、身体平衡及自身状态的感觉，主要包括运动觉、平衡觉和机体觉（也称内脏感觉）。

相关链接 ▼

视觉游戏

图 2-1 至图 2-4 几个有趣的视觉游戏是经典错觉的例子，你看了之后是不是对感觉这种心理过程产生了兴趣呢？

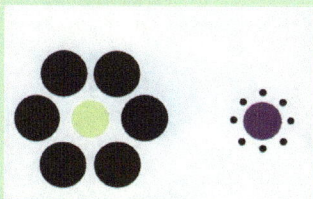

图 2-1 比较两个内部圆的大小

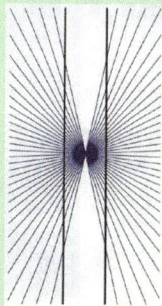

图 2-2 黑线看起来是不是向外弯曲的

图 2-3　交叉部分的白点是不是显得比白色方格更白、更亮　　　图 2-4　比较哪条黑线更长

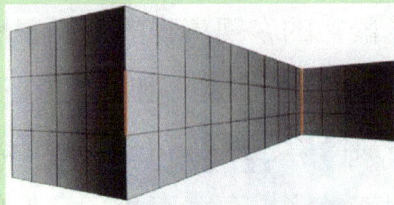

解析：

图 2-1，两个内部的圆大小完全一样。当一个圆被几个较大的同色圆包围时，它看起来要比被一些圆点包围的圆小一些。

图 2-2，黑线完全是笔直而平行的。这种错觉由 19 世纪德国心理学家艾沃德·黑林（Edward Hering）首先发现。

图 2-3，白色方格看起来更白一点，尽管二者没有区别。白色方格看起来好像位于黑色背景上，这强化了每一个小方格和背景之间的亮度对比。

图 2-4，两条黑线完全等长。透视的运用大大地增强了传统的米勒－莱尔错觉（Müller-Lyer Illusion）版本的效果。相比之下，传统的米勒·莱尔版本逊色不少。

（三）感觉的意义

感觉是人们认识客观世界的最简单形式，是一切复杂心理活动的基础。只有在感觉的基础上，人们才能对事物的整体和事物之间的联系做出更复杂的反应，产生更深入的认知。例如，机舱内的色调、明亮度、背景音乐、气味、装饰物的质感，民航服务人员的着装、礼仪、面部表情、工作状态等都会影响民航旅客对机舱乃至整个航空公司的认知。而这些感觉，会对民航旅客选择航空公司的行为产生直接的影响。

相关链接 ▼

海南航空空姐换装

海南航空空姐换装了，这样的"空姐范儿"，你见过吗？

海南航空第五代全新制服"海天祥云"，既是"江崖海水，祥云漫天"设计理念的直观表达，又寓意着海航大鹏金翅鸟翱翔于云海之间的辉煌意境；英文名 HAI-Rosy Clouds，取自徐志摩经典诗作《再别康桥》（To the rosy clouds in the western sky），将东西文化相撞的美好意蕴融入全球美学语境，呈现海南航空的诗意人文精神与匠心情怀。"海天祥云"制服搭配水润、淡雅、清爽的裸色底妆，微珠光大地色眼影与浅豆沙唇色精妙呼应，彰显海航乘务员清新脱俗、知性淡雅的美，展现出业界专业的服务精神。全新制服以中国旗袍形状做底，领口为"祥云漫天"，下摆为"江涯海水"，以"彩云满天"为基，构成独具海南航空特色的东方之美。

二、奇妙的探索——知觉

（一）知觉的含义

知觉是客观事物直接作用于感觉器官而在头脑中产生的对事物整体的认识。例如，看到一个苹果，听到一首歌曲，闻到一种花香等，这些都是知觉现象。

知觉是在感觉的基础上形成的，但知觉不是感觉信息的简单结合。知觉来自感觉，但不同于感觉。感觉只反映事物的个别属性，知觉却认识了事物的整体；感觉是仅依赖个别感觉器官的活动，而知觉是依赖多种感觉器官的联合活动；感觉不依赖个人的知识和经验，知觉却受个人的知识和经验的影响。

例如，我们听到飞机发动的声音，就知道飞机快起飞了，这就是感觉，"听到飞机发动的声音"是指已有经验，感觉信息与已有经验的相互作用，使我们产生了"飞机快要起飞了"的知觉。任何事物都是由许多个别属性组成的，它们的个别属性与其整体总是不可分割的。例如，我们在看到某处有飞机跑道、候机大楼、机场服务设施、机场服务人员、民航旅客等时，就会在头脑中将它们相互联系、聚合，形成"机场"这样一个具体形象；这就是我们对机场的知觉。

（二）知觉的种类

知觉有很多种。通常，按照所反映的事物的特性不同，知觉可分为空间知觉、时间知觉、运动知觉；按照所凭借的感觉信息的来源不同，知觉可分为视知觉、听知觉、嗅知觉、味知觉、触知觉。例如，旅客见到穿着制服、化着淡妆的乘务员，首先会在大脑中形成以乘务员形象为主的视感觉，然后大脑对信息进行加工后，旅客又进一步对空乘人员形成美的视知觉。另外，我们把知觉印象与客观事物不相符合的知觉称作错觉。

（三）知觉的基本特征

1. 知觉的意义性

人在知觉的过程中，总是试图赋予知觉对象一定的意义，这就是知觉的意义性（又称知觉的理解性）。当一个知觉对象出现在我们面前时，我们总倾向于利用已有的知识经验来理解这个对象，将它归于经验中的某一类事物。可见，在知觉过程中有思维活动的参与。人的知觉是一个积极主动的过程，知觉的理解性正是这种积极主动的表现。人们的知识经验不同、需要不同、期望不同，对同一知觉对象的理解也不同。例如，对于一张机票，旅客能知觉一系列的符号和数字，却不知道其代表什么意思；乘务员不仅知道这些符号和数字的意义，而且可以做出准确的判断。因此，知觉与记忆和经验有深刻的联系。

2. 知觉的整体性

人在知觉过程中，总是倾向于把零散的对象依据以往的经验知觉为一个整体，这就是知觉的整体性（或完整性）。在整体性这种知觉特性中，对象内部的关系起重要作用。例如，一株绿叶树上开有红花，绿叶是一部分刺激，红花也是一部分刺激，我们将红花绿叶结合起来，在心理上所得到的美感知觉就超过了红与绿两种物理属性之和。知觉并非感觉信息的机械相加，而是源于感觉又高于感觉的一种认识活动。当人感知一个熟悉的对象时，只要感觉了它的个别属性或主要特征，就可以根据经验而知道它的其他属性或特征，从而整体知觉该对象。如果感觉的对象是不熟悉的，知觉会更多地依赖感觉，并以感知对象的特点为转移，把它知觉为具有一定结构的整体。知觉的整体性纯粹是一种心理现象。有时即使引起知觉的刺激是零散的，但所得的知觉经验仍然是整体的。例如，旅客主要通过味知觉和视知觉感知飞机餐，如果飞机餐变质或品质不佳时，旅客就会对这次乘坐飞机的经历产生不好的知觉。

3. 知觉的选择性

客观事物是多种多样的，在特定时间内，人只能感受少量或少数刺激，而对其他事物只做模糊的反应。被选为知觉内容的事物被称为对象，其他衬

想一想▼

在图2-5中，你能看到几张人脸？

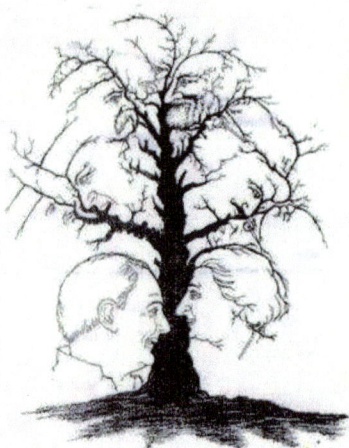

图2-5　从图像中寻找人脸

托对象的事物被称为背景。某事物一旦被选为知觉对象，就好像立即从背景中凸显出来，被认识得更鲜明、更清晰。一般情况下，面积小的比面积大的、被包围的比包围的、垂直或水平的比倾斜的、暖色的比冷色的，以及同周围明晰度差别大的事物都较容易被选为知觉对象。即使是面对同一知觉刺激，如果观察者采取的角度或选取的焦点不同，亦可产生截然不同的知觉经验。

影响知觉选择性的因素有刺激的变化、对比、位置、运动、大小程度、强度、反复等，还有经验、情绪、动机、兴趣、需要等主观因素。从知觉选择现象看，我们可以想象，除了少数具有肯定特征的知觉刺激（如捏在手中的笔）之外，我们很难预测，提供同样的刺激情境能否得到众人同样的知觉反应。所以同样的服务，有的旅客感觉乘务员服务热情周到，而有的旅客却认为乘务员的服务并不人性化。

图 2-6、图 2-7 在心理学上被称为"两可图"。所谓"两可"就是既可以被看成这样，也可以被看成那样，究竟被看成什么，取决于我们将目光集中在哪个部位，或者以什么为知觉对象，以什么作为知觉背景，也就是和知觉的选择性有关。例如，图 2-6，既可以被看作少女，也可以被看作老妇。图 2-7，以黑色作为背景时，我们看到的是一张女人的脸；以白色作为背景时，我们看到的是一个吹萨克斯的人。

图 2-6　少女与老妇　　　　图 2-7　女人与吹萨克斯的人

4.知觉的恒常性

当知觉的条件在一定范围内发生变化时，知觉仍然保持相对不变，这就是知觉的恒常性。例如，一个熟悉的机场，我们不会因为它离我们远而把它知觉为一间房屋。通常，人们对物体的形状、大小、颜色、亮度的知觉均表现出恒常性。例如，从不同距离看同一个人，由于距离的改变，投射到视网膜上的视像大小有差别，但我们总是认为大小没有改变，仍然依其实际大小来感知。又如，一张红纸，一半有阳光照射，一半没有阳光照射，颜色的明度、饱和度大不相同，但我们仍觉得其为一张红纸。个体的经验是保持知觉恒常性的基本条件，儿童由于经验不足，对不熟悉的事物的知觉常随知觉条件的变化而变化。同时，知觉的恒常性在一定程度上依赖参照物，离开参照物，恒常性就会减弱甚至消失。当然知觉恒常性是有限度的，如果知觉条件变化太大，就不会有恒常性。

（四）知觉的意义

知觉是我们对客观事物的简单认识，是我们对客观事物产生认知、情感、意志的开始。知觉能促使人们产生需要，并为满足需要进行实践活动。在消费活动中，消费者只有掌握某种产品的一定的知觉材料，才可能进一步通过思维去认识这种产品，并随着对产品知觉程度的提高，形成对产品的主观态度，从而确定相应的消费决策。

思考与练习▼

1. 什么是感觉？感觉的现象有哪些？
2. 什么是知觉？知觉有哪些基本特征？

任务二
掌握影响民航旅客感知觉的因素

任务单▼

名称	内容	备注
任务目标	掌握影响民航旅客感知觉的因素； 了解不同因素对旅客感知觉的影响； 分析旅客感知觉变化的原因； 提升针对不同因素调整服务策略的能力； 提高服务水平，提升旅客满意度； 提升解决问题的能力。	

续表

名称	内容	备注
任务要点	环境因素； 服务人员的言行举止。	
任务实施	学习前查阅相关知识点； 学习中积极参加课堂互动； 学习后巩固所学知识点，完成课后任务。	
任务运用	预测和管理延误； 改进机场环境； 提高服务人员的培训； 系统决策。	
任务反思	旅客的感知觉并不完全基于实际的服务质量，而是受到他们对外部环境和事件的感知的影响。民航公司和机场必须始终关注这些外部因素，以确保旅客获得最佳的旅行体验。	

知识探究 ▼

在民航服务中，旅客是全程服务的主体。民航旅客的感知觉直接影响和决定着民航服务交往。对民航服务人员而言，了解和掌握民航旅客的感知觉心理，是民航服务交往成功的关键。

一、影响民航旅客感知觉的外部因素

民航旅客对航空公司的感知觉，是指民航旅客通过自己的感官对航空公司的整体知觉。这一整体知觉是由航空公司各个方面所引发的，包括航空公司的服务环境，航线、航班时间，服务人员的形象与态度等。

（一）民航旅客对服务环境的感知觉

人们的心理活动起源于感知，这种感知离不开人们当时所处的环境。民航旅客经常出入的地方，如民航售票处、候机室（图2-8）、机场餐厅、机场商场、民航宾馆等，这些环境是否宽敞、明亮、整洁、美观、雅致，都会使民航旅客产生不同的感知觉，这些感知觉将会影响他们的心理活动和行为选择。

图 2-8　候机室

1. 服务环境的色彩对民航旅客感知觉的影响

颜色是人的视觉对各种可见光波的主观印象，当可见光进入人的眼睛，人就会产生有关各种颜色的知觉，而且不同的色彩会给人不同的感觉、不同的心理感受。我们在观察物象色彩时，通常把一些颜色称为冷色，把另一些颜色称为暖色，这基于物理、生理、心理以及色彩自身的面貌特征。我们通常把能带给人温暖、热情、喜庆等感觉的色彩叫作暖色，如红、橙、黄就是暖色；能带给人冰凉、清爽、沉静等感觉的色彩叫作冷色，如绿、蓝、青就是冷色。对民航服务环境而言，色彩搭配非常重要，它会让民航旅客产生不同的感知觉、不同的心理感受。例如，候机室以蓝色或绿色为主色调，会给旅客一种整洁、舒适、优雅而宁静、充满希望的感觉。这些感觉，就会使旅客产生一种良好的知觉印象（图2-9）。

图2-9　冷色调的候机室

2. 服务环境的温度、音量对民航旅客感知觉的影响

一个人对环境温度的知觉主要是通过皮肤来实现的，不同的环境温度会使人产生不同的知觉。在不同的温度下，人的情绪可承受的极限也不一样。一般来说，环境温度达到35℃，人容易食欲不振，心境低落；环境温度升到38℃，躁动不安、叫骂、摔东西等情况会明显增多；环境温度升到40℃，打架斗殴、自杀等事件发生的概率会比平常高出许多。环境温度过高或过低，都会使

小贴士▼

色彩与情绪

红色——兴奋、热情、激动、欢乐。

橙色——活泼、热闹、壮丽。

黄色——高贵、娇媚、明朗。

绿色——青春、健康、安全、宁静。

蓝色——深沉、开阔、宁静、凉爽。

紫色——高贵、庄重。

白色——清洁、纯真、神圣。

灰色——平凡、沉默、稳定。

人注意力分散、心烦，动作准确性下降，甚至会使人情绪急躁或低落。所以，民航售票口、候机室、民航餐厅、机舱内（图 2-10）等地方都应该注意服务环境温度对旅客感知觉的影响，保持适宜的温度（25℃左右），以调节旅客的情绪。

　　一个人对声音高低的感受主要取决于声波振动的频率，是对声波频率刺激的反应。频率高了，声音听起来就高，反之，声音听起来就低。民航服务环境中的声音，尤其是广播的声音不宜过大，否则会让民航旅客产生不舒服的听觉感受。所以，民航服务人员在使用广播时要注意音量大小（在 40～60 分贝），尽可能给旅客提供柔和、甜美而亲切的广播声音，让旅客有良好的感知觉。

图 2-10　机舱环境

3.服务环境设施对民航旅客感知觉的影响

　　对于民航旅客来说，相关的服务设施是否齐备、方便，会对其心理产生不同的影响。例如，问询处、时刻表、售货部、餐厅、茶水间、卫生间、母婴室、充电插座等这些配套服务设施，旅客需要的时候如果找不到，就会产生不愉快、不舒服的感知觉。反之，服务设施齐备，旅客就会对民航服务环境有良好的感知觉（图 2-11）。

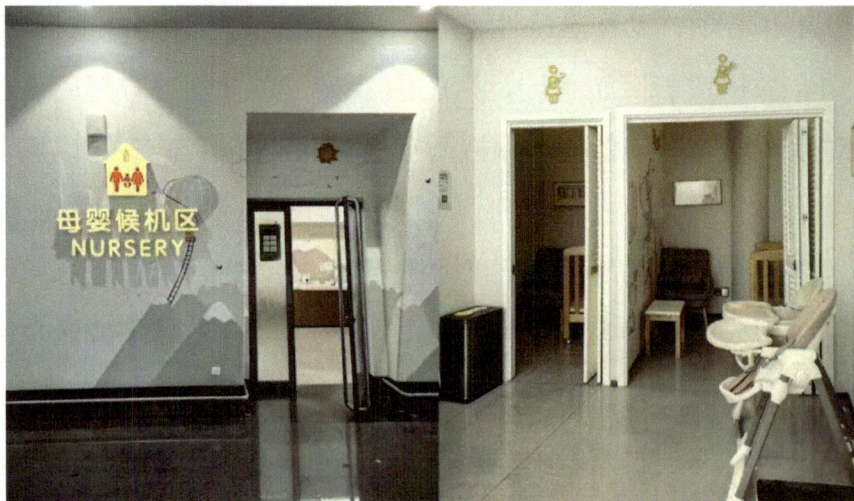

图 2-11　机场服务设施

（二）民航旅客对航线、航班时间的感知觉

航空公司的航线、航班出发和到达的时间，是旅客对航空公司形成感知觉的重要因素。某航空公司在调查中发现，对于大多数民航旅客而言，航班出发时间与正点到达时间，是他们选择航空公司的重要因素。民航服务人员必须把航班正点视为航空公司的生命线，要尽一切可能减少航班的延误，让旅客免去等待的焦灼情绪，使民航旅客在航班时间上有良好的感知觉。

（三）旅客对民航服务人员的感知觉

在接受民航服务过程中，旅客对民航服务人员做出什么样的反应，主要取决于旅客对民航服务人员的感知觉。而旅客对民航服务人员的感知觉主要是通过民航服务人员的外表、表情、言语等来感知。

1.通过民航服务人员的外表感知

在民航服务过程中，旅客对民航服务人员的感知觉首先是通过民航服务人员的外表，如着装、发型、体态等感知的。这些外表特征，使旅客了解民航服务人员的性别、年龄、工种等情况，旅客形成对民航服务人员的初步印象。干净整洁的着装、精致的妆容、亲切的微笑会给旅客留下美好的印象，从而增强旅客对航空公司的认同度。

2.通过民航服务人员的表情感知

在民航服务过程中，民航服务人员的表情是旅客感知服务人员最重要的途径，服务人员的一举一动都将给民航旅客留下深刻的印象。表情又包括面部表情、言语表情、体态表情等。这些不同的表情是人们心理活动的外在表现，是人们感知他人心理状态的重要指标。民航服务人员的面部表情是民航服务人员在与旅客交往中心理活动在面部的表现，是旅客感知的对象，是旅客了解民航服务人员思想、情感、情绪的重要线索；民航服务人员的言语表情是民航服务人员与旅客交往时所使用的音色、语调、语气、节奏等，是旅客了解民航服务人员的情绪、心境、态度等心理活动的途径；民航服务人员的体态表情主要指民航服务人员的动作、手势等，是旅客感知民航服务人员性格、气质的客观依据。

3.通过民航服务人员的言语感知

人们常说，闻其言知其人，言语是一个人与他人交往时感知他人的重要因素。在民航服务过程中，民航服务人员的言语是旅客感知民航服务人员的一种重要途径。旅客通过民航服务人员的言语来感知服务人员的态度、理解服务人员所要传递的信息。因此，服务人员要努力使自己的用词准确，表达清晰，使自己在语言表达上给旅客留下良好的感知觉印象。

飞机是相对狭小、封闭的空间，在这个空间里，声音、气味、图像都会对旅客形成较为强烈的刺激。因此在民航服务过程中，应当尽量避免播放刺激性过于强烈的声音，如不要播放声音较为嘈杂、声波振幅较高的音、视频等。卫生间的空气应当保持清新，避免使用味道过浓的香水或清新剂等化学用品，以免给旅客带来感官上的不良感受。机舱内部的座椅往往采用蓝色或灰色，给人以沉静的感觉，以减少旅客在旅途中的烦躁情绪。

二、影响民航旅客感知觉的心理效应

民航旅客对民航服务人员的感知觉除了来自对民航服务人员外表、表情、语言等的直接感知外，还会受到自身心理因素的影响。这些心理因素主要有以下几个方面。

心理效应

（一）首因效应

首因效应又称第一印象作用，或称先入为主效应。首因，是指首次认知客体而在头脑中留下的第一印象。首因效应，是指在第一次交往过程中形成的最初印象，即个体在社会认知过程中，通过第一印象最先输入头脑的信息对认知客体产生的影响。心理学研究发现，与一个人初次会面，45 秒内就能产生第一印象。

首因效应本质上是一种优先效应，当不同的信息结合在一起的时候，人们总是倾向于重视前面的信息。即使人们同样重视后面的信息，也会认为后面的信息是非本质的、偶然的。人们习惯于按照前面的信息解释后面的信息，即使后面的信息与前面的信息不一致，也会屈从于前面的信息，以形成整体一致的印象。

第一印象主要依据性别、年龄、体态、姿势、谈吐、面部表情、衣着打扮等来判断一个人的内在素养和个性特征。

首因效应在生活中到处可见："新官上任三把火""早来晚走""先发制人""下马威"等都是想利用首因效应占得先机。

在民航服务过程中，由于民航服务人员与旅客的交往多数是一次性交往，所以服务中的首因效应更为突出和普遍。民航服务人员要了解和掌握旅客服务感知觉中的首因效应，就要努力展示自己在工作状态中最佳的言行，给旅客留下良好的第一印象。

在民航服务过程中，第一印象是旅客与民航服务人员初次接触时，旅客对民航服务人员的谈吐、举止、仪表等方面的印象。不管这个印象是好的还是坏的，它总是以鲜明、深刻的方式印在旅客的头脑中，它不仅影响旅客的心理活动，而且还影响服务交往，甚至会影响服务工作。为了给旅客留下良好的第一印象，有些航空公司在民航服务人员的仪表、言行上下了很大的功夫。在服装、发型、化妆等方面或体现活力，或体现优雅，或体现时尚；在言行上，要有甜美的声音、和蔼亲切的微笑，以及热情、温和的态度。这样使得旅客一见到民航服务人员就能产生良好的第一印象，听到民航服务人员的亲切问候就感到温暖，从而对整个航空公司产生良好的印象。旅客一旦对民航服务人员产生不良的第一印象后，要想改变是很难的，民航服务人员往往要付出更多的努力才能改变旅客的第一印象。民航服务人员一定要重视旅客的这一心理因素，要意识到自己给旅客的第一印象不只是简单的个人形象，更重要的是整个航空公司的形象。

（二）晕轮效应

晕轮效应，又称"光环效应""成见效应""光晕现象"，是指在人际相互作用过程中形成的一种夸大的社会印象，常常表现在一个人对另一个人（或事物）的局部印象决定了他对这个人（或事物）的总体看法，而看不准对方的真实品质，形成一种好的或坏的"成见"。所以晕轮效应也可以被称为"以点概面效应"，是一种主观推断的泛化、定式的结果。这种强烈知觉的品质或特点，就像月亮形成的光环一样，向周围弥漫、扩散，从而掩盖了其他品质或特点，所以又形象地被称为"光环效应"。

有时候晕轮效应会对人际关系产生积极作用。例如，你对人诚恳，那么即便你能力较差，别人对你也会非常信任，因为对方只看见了你的诚恳。一个作家一旦出了名，其著作大多不愁销售，这都是光环效应的作用。

因此，在民航服务过程中，民航服务人员要用良好的服务为所在的航空公司戴上美好的"光环"，以便吸引更多的客户。

相关链接▼

"晕轮效应"一词的由来

晕轮效应最早是由美国心理学家爱德华·桑代克（Eduard L. Thomdike）于20世纪20年代提出的。他认为，人们对他人的认知和判断往往只从局部出发，扩散而得出整体印象，即常常以偏概全。一个人如果被标明是好的，他就会被一种积极肯定的光环笼罩，并被赋予一切都好的品质；如果一个人被标明是坏的，他就被一种消极否定的光环所笼罩，并被认为具有各种坏品质。这就好像刮风天气前夜月亮周围出现的圆环，其实圆环不过是月亮光的扩大化而已（图2-12）。据此，桑代克为这一心理现象起了一个恰如其分的名称——晕轮效应，也称"光环效应"。

图2-12　月亮周围的圆环

（三）刻板印象

刻板印象是指人们对某一类人或事物产生的比较固定、概括而笼统的看法，是人们在认识他人时经常出现的一种现象。一般来说，生活在同一区域或同一社会文化背景中的人，总会表现出许多心理与行为方面的相似性，如同一民族或国家的人有大致相同的风俗习惯、性格特征和行为方式；职业、年龄、性别等一样的人，在思想、观念、态度和行为等方面也较为接近。例如，一般人们会认为法国人浪漫，美国人现实，中国人踏实；山东人直爽而且能吃苦，湖南人喜欢吃辣，黑龙江人喝酒海量；等等。这些实际上都是刻板印象。刻板印象的形成，主要是由于我们在人际交往过程中，没有时间和精力去与某个群体中的每一个成员都进行深入的交往，而只能与其中的一部分成员交往。因此，我们只能"由部分推知整体"，也就是由我们所接触到的部分，去推知这个群体的"全体"。

在民航服务过程中，旅客与民航服务人员彼此之间的感知觉，有时也会受到刻板印象的影响。例如，人们一般认为女性民航服务人员温柔体贴，北方民航服务人员比较粗犷豁达，南方民航服务人员比较灵活细致……这些相似的人格特征概括地反映到人们的知觉中，在民航服务过程中也会有所体现。但也不要忘了例外和刻板效应的消极方面。民航服务人员在工作中应避免以偏概全、固守已有的偏见与传统，以客观、公正的态度做好服务工作。

刻板印象的例子在日常生活中很多。例如，当一个仪表堂堂、斯文而潇洒的人盗窃时，人们会感到吃惊；一个我们认为十分老实本分的人突然做了坏事，我们往往难以接受这一现实；等等。由于刻板印象往往不是以直接经验为依据，也不是以事实材料为基础，只是凭一时偏见或道听途说而形成的，因此大多刻板印象是错误的，甚至是有害的。

相关链接 ▼

刻板印象的影响

苏联社会心理学家包达列夫做过这样的实验：将一个人的照片分别给两组被试看，照片的特征是眼睛深凹，下巴外翘。研究者向两组被试分别介绍情况，向甲组介绍时说"此人是一个罪犯"，向乙组介绍时说"此人是一位著名学者"，然后，请两组被试分别对此人的照片特征进行评价。

评价的结果：甲组被试认为，此人眼睛深凹，表明他凶狠、狡猾，下巴外翘反映他顽固不化的性格；乙组被试认为，此人眼睛深凹，表明他具有深邃的思想，下巴外翘反映他具有探索真理的顽强精神。

为什么两组被试对同一照片的面部特征所做出的评价竟有如此大的差异？原因很简单，人们对社会各类型人群有着一定的定型认知。把他当罪犯来看时，自然就把其眼睛、下巴的特征归纳为凶狠、狡猾和顽固不化。而把他当学者来看时，便把相同的特征归为思想的深邃性和意志的坚忍性。刻板印象实际上就是这样一种心理定式。

刻板印象一经形成，就很难改变。因此，在民航服务工作中，民航服务人员一定要考虑到刻板印象的影响。在民航服务过程中，它主要表现为旅客对民航服务人员和航空公司的刻板印象。旅客生活在社会各类群体中，信息渠道多种多样，难免会受到各种信息的影响，对民航服务人员或航空公司形成刻板印象。这些刻板印象从其客观上看，可分为接近客观事实的和偏离客观事实的。前者有助于旅客形成正确的感知觉，也成为旅客了解民航的捷径；后者容易使旅客产生一种错误的感知觉。旅客一旦形成刻板印象，就会用这样的刻板印象去衡量民航服务人员的服务质量，衡量航空公司，并会据此做出是否选择某航空公司的行为。因此，民航服务人员在服务过程中，应正确对待旅客的刻板印象，不要因为旅客的一些远离客观事实的刻板印象而对其采取消极的态度或行为，而是应该用主动热情的态度和优质的服务改变旅客原有的刻板印象，使旅客形成新的、良好的印象。

（四）定式效应

所谓定式效应，是指人们局限于既有的信息或认识的现象。人们在一定的环境中工作和生活，久而久之就会形成一种固定的思维模式，这种模式使人们习惯于从固定的角度来观察、思考事物，以固定的方式来接受事物。心理定式是我们对某一特定活动的准备状态，它可以使我们在从事某些活动时能够相当熟练，甚至达到自动化程度，节省很多时间和精力；但同时，心理定式的存在也会束缚我们的思维，使我们只用常规的方法去解决问题，而不寻求其他"捷径"，因而也会带来一些消极影响。

定式效应在民航服务中表现为民航旅客对民航服务人员的感知觉，具体是指民航旅客已经有了一定的心理上的准备或印象，并把这些印象进行归类，从而对民航服务人员产生定式的现象。从认知的角度看，民航旅客的定式效应大多是以往的经验或根据过去掌握的一些现象或个别特点加以推导形成的，它会对民航旅客的心理活动或行为产生一定的影响。

民航旅客的定式效应，包括有利于服务交往的和不利于服务交往的两大类。有利于服务交往的定式，例如，有些民航旅客因乘坐飞机时接受了良好的服务，再次乘坐飞机时就会产生"这家航空公司的服务不错"的定式，会按上次的感觉来对待民航服务人员，对民航服务人员采取友好、尊重的态度；不利于服务交往的定式，例如，旅客乘坐飞机时接受过糟糕的服务，便形成了民航服务质量差的印象，再次乘飞机时面对民航服务人员就可能采取消极的态度，或可能因民航服务人员没能满足其要求而强化原有的思维——民航服务质量就是差。

民航旅客的不同心理定式会产生不同的效应，从而对其知觉、心理和行为产生影响。因此，民航服务人员必须把握好旅客的这一心理特点，尤其是对于一些偏离客观事实的、不利于民航服务工作的心理定式，在思想上应有所准备，努力用优质的服务消除民航旅客的这些心理定式，而不是采取消极的态度，造成服务障碍。

思考与练习▼

1. 影响旅客感知觉的外部因素有哪些？

2. 影响旅客感知觉的心理因素有哪些？

3. 举例说明什么是晕轮效应，什么是刻板印象。

任务三
认识民航服务人员对旅客的感知觉

任务单▼

名称	内容	备注
任务目标	理解民航服务人员对旅客的感知觉和产生心理偏差的因素； 能通过对旅客特点的感知为其提供个性化的服务； 学习民航服务人员对旅客心理的敏感度和关注度。	
任务要点	首因效应； 晕轮效应； 刻板印象； 定式效应。	
任务实施	学习前查阅相关知识点； 学习中积极参加课堂互动； 学习后巩固所学知识点，完成课后任务。	
任务运用	个性化服务； 有效沟通； 培训与教育； 服务策略。	
任务反思	每个旅客都有自己的背景、经验和期望。这些内部因素会影响他们对服务的感知和满意程度。民航工作人员应当认识到，同样的服务在不同的旅客看来可能会有不同的评价。因此，提供个性化的服务至关重要。	

知识探究▼

感知觉的基本内容

民航服务人员对旅客的感知觉，既包括在民航服务过程中对旅客的直接感知，又包括在服务交往过程中，服务人员受自身心理因素的影响对民航旅客产生的感知觉。民航服务人员对旅客的感知觉与民航服务的质量有着非常密切的联系。如果民航服务人员能正确地感知旅客，不仅会减少服务工作中的失误，而且可以为旅客提供优质和舒心的服务，从而赢得旅客的赞扬和肯定。

一、民航服务人员对旅客的直接感知觉

民航服务人员对旅客的直接感知觉，是指对旅客的外表、表情、言语等

方面的直接感知，并由此来推测旅客的心理活动，以提供相应的服务。

（一）通过民航旅客的外表感知

在民航服务中，民航服务人员对旅客的感知觉首先来自旅客的外表，如旅客的服饰、装束、发型等。性格外向的人喜欢鲜艳、亮丽的服饰；性格内向的人喜欢素雅、深色的服饰。衣着还可以反映民族的特点，我国是一个多民族的国家，每个民族都有自己的服饰。一个人的衣着打扮，反映了一个人的文化修养、职业特点、性格特点、民族特点、年龄特点等，通过对旅客衣着打扮的观察，民航服务人员可以了解旅客的性别、年龄、职业等，形成对旅客的初步印象。

（二）通过民航旅客的表情感知

一个人内心世界的感情变化，一般可以从面部表情中看出。表情是内心的反映，眼睛是心灵的窗户。例如，民航服务人员在与旅客交谈中，对方的眼睛看向远方时，表示对谈话不感兴趣，或说明他可能害羞、恐惧。旅客的表情是民航服务人员对旅客感知的重要因素。民航服务人员通过旅客的言语表情、面部表情、体态表情等来感知其心理活动，了解他们的思想、情感、情绪、性格、气质等，从而为旅客提供优质的服务。

（三）通过民航旅客的言语感知

言语是一个人与他人直接交往时感知他人的重要因素。在民航服务工作中，旅客的言语是民航服务人员感知旅客的一个重要因素。民航服务人员通过旅客言语的内容及态度来理解旅客所要表达的意愿和思想。一个人谈吐的内容、口音、速度、用语等可以反映一个人的文化修养、籍贯、性格、职业、目的等。俗话说："乡音难改。"例如，从旅客的口音中，民航服务人员可判断旅客是哪里人，从而在服务中尽量照顾到旅客的风俗习惯。因此，民航服务人员要善于观察和倾听，使自己准确理解旅客所要表达的意思，对旅客形成正确、清晰的感知觉。

二、民航服务人员对旅客的服务感知觉偏差

在民航服务工作中，服务人员自身的心理因素也会影响其对旅客的感知觉，从而对民航服务质量产生很大的影响。民航服务人员自身的心理因素对

旅客感知觉的影响主要有首因效应和定式效应。

（一）民航服务人员的首因效应

民航服务人员的首因效应，是指民航服务人员在服务过程中，通过对旅客的外表、面部表情、语言行为等方面的观察从而获得第一印象，并根据第一印象进行服务的心理状态。

第一印象对民航服务人员的感知觉有一定的影响，还可能影响民航服务人员的态度。民航服务人员对某一旅客有着良好的第一印象时，一般来讲，就会主动、热情地为他服务。相反，如果民航服务人员遇到一名举止粗俗的旅客时，往往会产生一种厌恶心理，形成抵触情绪，从而在主动、热情服务上表现不到位，或不愿理睬。

有人做过这样的研究，分别向两组民航服务人员介绍一位陌生人，对甲组先说这个人性格开朗，然后又介绍他性格内向；对乙组，则先说这个人性格内向，然后又介绍他性格开朗。结果，甲组民航服务人员因为第一印象是性格开朗，普遍认为这个陌生人性格开朗；而乙组民航服务人员因为第一印象是性格内向，普遍认为这个人性格内向。

首因效应会使民航服务人员与旅客之间产生一定的距离，乃至形成一定的障碍，从而影响服务质量和公司形象。所以，民航服务人员必须充分认识到首因效应的负面影响，在服务过程中切记不能以貌取人，更不能因为对某个旅客第一印象不好，就表现出不冷不热，甚至故意怠慢的态度。

（二）民航服务人员的定式效应

民航服务人员的定式效应，是指民航服务人员在服务过程中的一种心理准备状态，民航服务人员在以往的服务过程中所形成的某种经验或看法，并将这种经验或看法进行推论而形成的一种心理上的准备。

飞行员驾驶飞机，十分强调操作的规范化、程序化。因为只有操作规范化，才能保证动作的准确性，保证安全；只有操作程序化，才能保证在驾驶中减少差错和失误。同样，民航服务人员的工作也要求强调规范化、程序化，以减少工作中的忙乱情况，提高服务质量。不同的是，飞行员操纵的是飞机，而民航服务人员服务的对象是民航旅客，所以他们的工作既有相同之处也有明显的区别。规范化、程序化服务是对民航服务人员的起码要求，但由于民航服务人员服务的对象是各行各业的人，他们有各种各样的要求，所以提高服务质量又必须强调个性化服务。程序化服务是着眼于所有民航旅客的共性要求而制定的，而个性化服务是程序化服务的延伸，更加细化，更加具体，更加贴近各类民航旅客的要求，更能体现服务质量。

民航服务人员每天要接触大量的旅客，时间一长，势必产生"对象模糊"或"服务疲劳"，一批又一批的旅客在民航服务人员心目中渐渐地就变成无个性、无区别的群体，无论旅客怎么变化，民航服务人员都是千篇一律地用一种眼光、一种方式、一种态度去对待旅客。事实上，旅客是一个个具体的、活生生的、有个性的人，有中国人，有外国人；有男有女，有老有少；有学者专家、政府官员、企业家……由于他们的国籍、民族、性别、年龄、文化修养、心理素质、社会阅历、爱好、习俗等不同，因此他们对服务的需求也不同。如果民航服务人员不能看到这种差异，仍然用定式思维来对待千差万别的民航旅客，就会造成旅客心理上的差异。

民航服务人员的这一定式影响到自身的感知觉后，也就会影响对旅客的态度。民航服务人员要在工作中努力克服心理上的这种定式，要根据旅客的不同特点，采取有针对性的、个性化的服务，才能让每一位旅客对自己的服务感到满意。

连线职场 ▼

追求旅客满意最大化

民航服务人员在面对不同的服务对象时，对自己身份的定位，应该按照旅客的需要不断变换自己的角色。对于老人、孩子、病人等特殊群体，民航服务人员应该充当亲人、医生和护士的角色，给予无微不至的爱与关怀和训练有素的服务，让他们体验亲情和温暖；对年轻人以及第一次乘机的旅游团体，民航服务人员就是一位真诚的朋友、出色的导游，充分展示自己的魅力，让他们体验真挚的友情，享受愉悦的旅程；对于乘坐头等舱、公务舱的要客，民航服务人员应该是出色的秘书、温和的护理员、精干的公关人员，尽可能地发挥自己的才华，尽可能地用自己的智商、情商，让旅客感受民航的文化、民航的品位。总之，对不同的旅客，民航服务人员要有不同的角色定位，找准自身的位置，将角色作用努力发挥到最好，努力发挥到极致，就是成功的，就是当之无愧的出色的民航服务人员。

思考与练习▼

1. 民航服务人员如何给旅客留下良好的第一印象？

2. 如何避免民航服务人员定式效应的弊端？

3. 案例分析。

某航班颠簸过程中，旅客烦躁地按呼唤铃，无论乘务员如何温言解释，但旅客就是对这种颠簸感到不满甚至质疑飞行员的飞行技术，要求乘务员给个投诉渠道。乘务员无奈，只得给旅客提供投诉电话，但旅客在投诉时表达了对航班颠簸的不满，同时也对乘务员的服务态度不满。

请思考：这位旅客为什么要投诉乘务员？试用影响旅客对民航服务人员感知觉的因素加以分析说明。

■评价与反思■

在本项目中，我们深入探讨了感知觉的奇妙世界，通过不同的维度和视角来理解民航服务中的感知觉问题。我们首先探讨了感知觉的神秘性质，理解了它是如何影响我们看待世界和解释我们所经历的事情的。

在讨论影响感知觉的多元因素时，我们不仅认识到环境、文化和个人经历可以极大影响我们的感知，还认识到服务提供者和接受者之间可能存在的偏差和误解。我们学到，通过注意这些因素和工作来减少它们的影响，可以大大提高服务的质量和旅客的满意度。

最后，我们探讨了民航服务人员对旅客的直接感知和服务知觉偏差，理解了它们是如何影响服务质量的，以及我们可以如何通过提高感知准确性来改善服务。

希望你能够通过本项目的学习，更好地理解感知觉理论在民航服务中的重要性。现在请回顾你所学到的知识，思考如何在实际场景中应用它们，以及如何使用这些理论来提高你的服务技能和提高旅客的满意度。不要忘记将这些理论应用到你的日常生活和工作经历中，以加深你对这一主题的理解。

■学习评价单■

项目		分值	学生自评	教师评分
知识掌握	1. 感觉的定义和分类； 2. 知觉的定义和特征； 3. 民航服务心理学的研究内容； 4. 民航服务心理学的研究意义。	30		
能力运用	1. 能运用心理学原理分析民航服务中的心理现象； 2. 能运用民航服务心理学知识，提升民航服务质量； 3. 能结合实际情况，提出改进民航服务心理策略的建议。	30		
素质提升	1. 培养了对旅客心理敏感度的关注； 2. 提升了人际沟通能力和心理素质； 3. 增强了持续学习意识。	30		
总结	请简要总结本项目学习的心得体会，包括学习成果、存在的问题和改进措施等。	10		

项目三 明确旅客的需要

■ 项目导入 ■

欢迎来到民航服务的奇妙之旅。在这一项目中，我们将深入探索旅客的需要和如何为他们提供优质的服务。准备好探索每个人心中的"需要大陆"了吗？首先，我们要揭示需要的根源——那些让我们心潮澎湃、迫不及待想要拥有的东西是什么？我们将通过"需要层次理论"来深入探讨这个问题，揭示人们的内心需要和追求。然后，我们将飞向"民航旅客的服务需要"高地。在这里，我们会聊聊旅行中最关键的方面——从美食到安全，从便利到舒适，还有尊重每个人的重要性。你会发现每个小细节都能为旅程增色不少！最后，我们将降落在特殊旅客服务的领域。老少皆宜的服务，照顾各种有特殊需要的旅客，包括老年人、儿童和首次乘机的旅客。我们将分享如何为他们提供更贴心、更人性化的服务，让他们的旅程更加顺利和愉快。

所以，亲爱的同学，扣好你的安全带，准备开启一段探索民航服务深处的奇妙之旅吧！我们保证这将是一次视野独特、情感共振的旅程。我们一起启航吧！

■ 心理沙龙 ■

活动名称：角色扮演与服务模拟

活动简介：

在本次活动中，学生将进一步理解民航旅客的各种服务需要，并尝试在模拟环境中提供满意的服务。

活动步骤：

1. 分组讨论：将学生分成小组，每个小组中的每个人都将得到一个特定的旅客角色（如老年人、儿童、首次乘机的旅客等）。

2. 角色理解：要求学生研究和讨论他们所扮演角色的特殊需要。例如，老年旅客可能需要更多的关怀和协助，而首次乘机的旅客可能需要详细的指导和解答。

3. 服务方案设计：让学生设计出满足这些特殊需要的服务方案，包括但不限于提供特殊座椅、个性化解答问题、优先登机等。

4.角色扮演：学生将轮流扮演服务人员和旅客。服务人员需要根据旅客的特殊需要来提供服务，而旅客则需要表达他们的需要和反馈。

5.小组分享：每个小组将分享他们的服务方案和角色扮演的体验，讨论在服务过程中遇到的问题和可能的解决方案。

6.总结与反思：在活动结束后，引导学生对自己的服务方案进行总结和反思，讨论他们在活动中学到了什么，以及如何将这些学到的知识应用到实际的民航服务中。

情境再现 ▶▶

2021年4月8日21:32，东航甘肃分公司生产指挥中心接到敦煌机场地面服务人员一个令人揪心的消息：一名3岁小男孩的左手手指被机器压断，其中三根手指粘连，一根手指已断开，包裹着厚厚的纱布，孩子父母非常焦急，小男孩迫切需要被救治。父母决定搭乘23:25的东航航班MU9642/B6452（敦煌—西安）去西安进行救治，但由于时间紧迫，未开具医院的乘机证明，孩子无法正常乘机，这样会错过最佳救治时机。

分公司生产指挥中心大厅接到这个消息后，立即将信息通报分公司当日值班领导及总部，得到的坚定的指令是"一定要全力以赴协调"。指挥大厅的工作人员深知情况紧急，相关席位迅速行动起来，地面服务人员负责联系敦煌机场地面服务人员，迅速开启了第一条绿色通道，为孩子顺利办理乘机手续；大厅运行支持席位监控到MU9642的前段航班还没有落地，且了解到敦煌飞西安方向有流量限制，为了确保该航班能尽早起飞，提前积极协调沿途空中交通管制单位，包括敦煌站调、兰州区调、西安空管，为孩子开启了第二条绿色通道，同时积极联系机组，通报孩子情况，提醒机组人员提前做好准备，确保孩子在空中得到特殊的服务保障。最终，在空管、机场和各相关单位的全力配合下，孩子一家三口顺利登机，MU9642于23:17从敦煌正常起飞，同时地面服务人员与东航西北公司商务进行了及时有效的沟通，安排好了落地后地面服务保障的最后一环，为孩子开启了第三条绿色通道。

孩子的伤情牵动着大家的心，地面、空中一路绿灯，航班于次日01:11提前落地西安，比计划时间提早了34分钟，再次为孩子争取了救治时间，分公司指挥中心席位人员也一直监控航班直到飞机安全落地。

民航服务的本质是满足旅客的合理需要。民航服务人员只有及时地、充分地了解旅客的合理需要，才能提供细致、周到、热情的服务，让旅客满意。旅客满意就是航空公司的声誉、品牌和效益，也就是航空公司的市场竞争力。所以，准确把握旅客需要，对高度职业化的民航员工，具有极为重要的意义。

任务一
了解需要以及需要层次理论

任务单▼

名称	内容	备注
任务目标	了解需要的定义； 掌握马斯洛的需要层次理论； 学会运用马斯洛的需要层次分析旅客需求； 提升感知旅客需要的能力； 增强服务敏感度，提升旅客满意度； 提升敏锐的观察能力。	
任务要点	需要的含义； 马斯洛的需要层次理论。	
任务实施	学习前查阅相关知识点； 学习中积极参加课堂互动； 学习后巩固所学知识点，完成课后任务。	
任务运用	满足乘客的多元化需要； 关注工作人员的职业发展； 加强团队建设； 提高服务质量。	
任务反思	认识到乘客和工作人员的需要是多元化和层次化的，我们可以更具针对性地满足这些需要； 马斯洛的需要层次理论为我们提供了一个框架，帮助我们理解乘客和工作人员在不同情境下的不同需要。	

知识探究▼

一、什么是需要

人类在社会生活中，早期为维持生存和延续后代，形成了原始的需要。我们饿了就需要食物，冷了就需要衣服，累了就需要休息。然而，仅仅是对温饱的需要还不够，我们为了生存和发展必然产生社会需要。例如，通过劳动，创造财富，改善生存条件；通过人际交往，沟通信息，交流感情，相互协作。随着人类社会生活的日益进步，物质文化水平的提高，人们逐步形成了高级的物质需要和精神需要。为了这些需要，人们就必然去追求、去争取、去努力。因此，正如一些心理学家所说，"需要是积极性的源泉""需要是人的思想活动的基本动力"。没有它的存在，人们有意识、有目的的行为就不可能发生。

所谓需要，就是指人在社会生活中所必需的事物在头脑中的反映，是人产生行为的原始动力，是人与人之间共同一致的、具有普遍意义的、激起心理活动的动力。

二、马斯洛的需要层次理论

马斯洛的需要层次理论

关于人的需要，心理学家进行了大量的研究，提出了许多有价值的理论。其中美国人本主义心理学家马斯洛于 1943 年在他的《人的动机理论》一书中首次提出了需要层次理论（图 3-1），该理论相对系统、全面、有层次地概括和分析了人的各种需要。他认为人有五个层次的需要：生理的需要、安全的需要、归属与爱的需要、尊重的需要、自我实现的需要。需要的这五个层次，是由低到高逐级形成并逐级得以满足的。生理的需要与安全的需要为较低级需要，而归属与爱的需要、尊重的需要与自

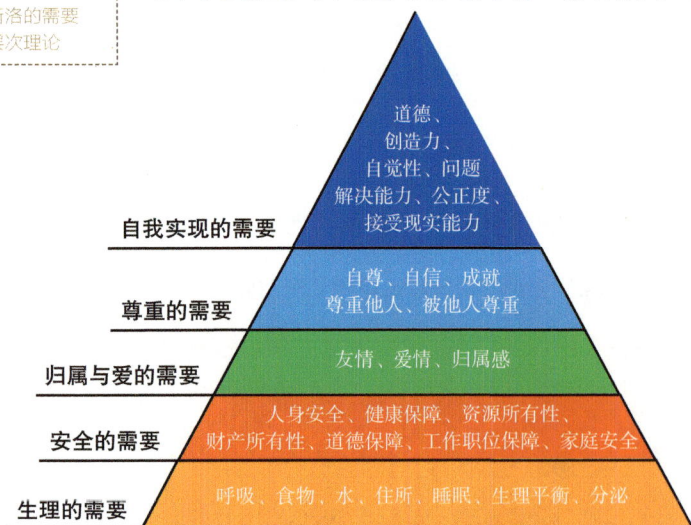

层次	内容
自我实现的需要	道德、创造力、自觉性、问题解决能力、公正度、接受现实能力
尊重的需要	自尊、自信、成就、尊重他人、被他人尊重
归属与爱的需要	友情、爱情、归属感
安全的需要	人身安全、健康保障、资源所有性、财产所有性、道德保障、工作职位保障、家庭安全
生理的需要	呼吸、食物、水、住所、睡眠、生理平衡、分泌

图 3-1 马斯洛的需要层次理论

我实现的需要为高级需要。

（一）生理的需要

生理的需要是指维持人类自身生命和生存的基本需要，包括对食物、水、住所和睡眠等方面的需要。马斯洛认为"人是永远有需要的动物"，在一切需要之中生理需要是最优先的需要。一个极端饥饿的人，除了对食物有需要外没有别的兴趣。

（二）安全的需要

安全的需要是指对安全、秩序、自由、稳定及受到保护的需要。当人的生理需要获得基本满足后，安全的需要就会出现，并且成为主要的需要，这是一种使身体免受伤害的需要。安全的需要包括许多方面：心理安全，希望解除严格监督的威胁，避免不公正的待遇等；劳动安全，希望工作安全，不出事故，环境无害等；职业安全，希望免于天灾、战争、失业破产等；经济安全，希望医疗、养老、意外事故有保障。如果这种需要得不到满足，人就会感到恐惧。

（三）归属与爱的需要

归属与爱的需要包含两方面的内容：一方面是爱的需要，即人都希望与伙伴、朋友之间的关系融洽或保持友谊、忠诚，希望得到爱情，也渴望能够爱别人和接受别人的爱；另一方面是归属的需要，即人需要一种归属感，一种要求归属于一个集体或群体的情感，希望成为其中一员并得到关心和照顾。归属、交往和爱的需要比生理需要细致。它和一个人的生理特性、经历、受教育状况等都有关系。这种需要是难以察觉、无法衡量的。

（四）尊重的需要

归属与爱的需要一旦得到满足，人们就会寻求尊重的需要。尊重可以分为内部尊重和外部尊重。内部尊重包括自尊、自主和成就感，是一个人希望在各种不同的情境中，自己有实力，能胜任工作，充满信心；能独立自主，有自尊心。外部尊重包括地位被认可和关注等，即一个人希望有地位、有威望，受到别人的尊重、信赖及高度评价。

马斯洛认为，尊重的需要得到满足，能使人对自己充满信心，对社会充满热情，能体会到自己的力量和生活在世界上的价值。但尊重的需要无法得到满足，就会使人产生自卑感、软弱感、无能感，会使人失去对生活的信心。

（五）自我实现的需要

自我实现的需要是指个人的成长与发展、发挥自身潜能、实现理想的需要。这是一种追求个人能力极限的内驱力，能最大限度地使自身的潜能得以发挥，不断完善自己，能够完成与自己能力相称的一切事情，是人类最高层次的心理需要。例如，音乐家演奏，画家绘画，诗人写诗，他们努力将自己的潜力发挥到极致，实现自我价值，这样他们的自我实现需要就得到了最大的满足。

马斯洛认为，低层次的需要，如生理的需要、安全的需要、归属与爱的需要等，是直接关系到个体生存的需要，所以又叫"缺失需要"；而高层次的需要，如尊重的需要和自我实现的需要，不是维持生存所必需的，而是建立在人的潜能发挥、成就获得基础上的需要，是人成长、成熟的表现，所以又叫"成长需要"。

思考与练习▼

1. 需要的定义是什么？

2. 根据马斯洛的需要层次理论，人最基本的需要是什么？满足了最基本的需要，人又会追求哪些新的需要？

任务二
分析民航旅客的服务需要

任务单▼

名称	内容	备注
任务目标	了解民航旅客的需要； 分析旅客的需要，培养针对不同因素调整服务策略的能力； 提高服务水平，提升旅客满意度，提升解决问题的能力。	
任务要点	提供餐饮的需要； 保障安全的需要； 方便快捷的需要； 环境舒适的需要； 尊重的需要。	
任务实施	学习前查阅相关知识点； 学习中积极参加课堂互动； 学习后巩固所学知识点，完成课后任务。	
任务运用	旅客体验设计； 培训与教育； 情感化服务； 反馈与改进。	
任务反思	深入了解民航旅客服务的内涵与本质，我们明白了在民航行业，每一个小细节、每一个环节都直接关系到旅客的体验。并且，工作人员的态度、技能、专业知识和心理状态都是影响旅客服务质量的关键因素。	

知识探究▼

　　民航服务的受众既有共性又有差异，为此，既要注重全体服务，又要注重个体化服务，最大限度地提高旅客的满意度。

　　民航公司在主动加强民航共性服务的同时，还要满足差异化服务和多样化需求，具体而言，主要有以下几种服务需要。

一、提供餐饮

　　提供餐饮是民航服务的一个重要环节，对旅客来讲，飞机上不同口味的食物对满足其航空服务需求显得尤为重要。很多旅客对航空公司提供的餐饮的种类、口味期望值较高。他们关心饮料的种类是否齐全，饭菜是否卫生、可口。特别是对于那些长途旅客来说，令人满意的餐饮是他们长途旅行中不可缺少的重要部分。航空公司在注重飞机的型号、性能和飞行技术等硬性指标的同时，应加大航空公司餐饮改革的力度，不仅要讲究食物的精致、卫生，还要研究它的花样品种，注重色、香、味的搭配，以最大限度地满足旅客的需要。

图3-2　飞机餐食

其中，航空公司在每日三餐时段为乘坐时间在110分钟以上的旅客精心准备了各种餐食，公务舱餐食分为正餐、早餐、点心餐，根据飞行时间段的不同提供相应的餐食（图3-2），早餐不仅有西式面包、甜品、水果等，还有中式热点；午餐及晚餐会有更多美食供选择，搭配水果、酸奶及甜点等；若飞行时间在一小时以上，航班在非用餐时段，还为旅客准备了特色点心及饮品服务。航空公司为经济舱旅客提供早餐、正餐、简餐，早餐有热腾腾的粥或酸奶及中式热点等；正餐选取当地特色的菜品搭配米饭等主食；短途航程中旅客可品尝到精心制作的简餐等。

二、保障安全

安全需要是民航飞行的第一需要。旅客在乘坐飞机时，最关心的应该就是自身的人身安全了。有些人会认为飞机是危险的交通工具，认为乘坐飞机不安全，很多人初次乘坐飞机时会有不同程度的焦虑感和紧张感，心中盼望尽快到达终点。

按照控制理论，当作为消费者的旅客购买机票、付出金钱后，他总有一个"我的行程我做主"的心理暗示，这个暗示影响着他对服务和服务提供者的要求与判断。进入民航的服务区域后，他或多或少总是想"控制"服务的内容和过程，总是希望服务提供者以他的需要来提供服务。而民航因为空防安全和飞行安全的需要，认为涉及安全的部分，民航必须做主。两个"做主"、两个"控制权"的冲突会引发服务时的矛盾，若矛盾在现场没有被及时化解，就会导致后续的服务危机或者服务投诉。

除此之外，在旅行过程中，旅客对人身安全、财物安全的需要也是很强烈的。为此，航空公司要提高安全意识，加大管理力度，不仅要提高飞行员、地面技术人员的业务能力与素质，严把飞行关，还要加强对机上乘务人员的安全知识的培训，使他们掌握相关的飞行业务知识，及时解答旅客的困惑，缓解旅客的紧张感，妥善进行应急处置，满足旅客的安全需要。

相关链接 ▼

寻找烟头的故事

一次，在南昌飞往北京的航班上，民航服务人员巡视客舱时与一位刚从洗手间出来的旅客相对走来。远远的，民航服务人员闻到一股烟味，立刻问他是不是抽烟了，把烟头扔在哪里了。他坦然地说："对，我是抽烟了，不过你放心，我已经将烟头处理好了，不会着火的。"听了他的话，民航服务人员警惕起来，烟头是客舱起火的原因之一，飞机是一个全密封性空间，四周都有氧气瓶，因此只要有火源就有着火的可能性。烟头是否妥善处置事关全机旅客的生命安全，民航服务人员立刻严肃地再次追问他烟头的下落，并简要说明了可能造成的严重后果。他听后也意识到了问题的严重性，有些紧张地说："我就扔进垃圾桶了，但已用水熄灭了烟头，应该没关系。"还没等他说完，民航服务人员快步走进洗手间，顾不上垃圾桶的脏，就开始在垃圾桶里翻找起烟头来。找到烟头后，民航服务人员悬着的心才放下了。看着民航服务人员在垃圾里用手翻找烟头，这名旅客觉得很不好意思，一再道歉，并表示今后不会再在飞机上吸烟了。虽然虚惊一场，但如果旅客没有完全把烟头熄灭，如果民航服务人员没有及时发现旅客抽烟，那么等到烟雾报警器工作时可能大家就已经很被动了。

三、方便快捷

"时间就是生产力"的观念已深入人心。为了节省时间、提高工作效率、提高生活质量，越来越多的人倾向于把速度快、服务好、快捷方便的飞机作为主要交通工具。因此，各个航空公司的每个航班保证准点、快捷、方便至关重要，否则它的优势将大打折扣。许多航空公司为提高服务质量，树立良好形象，花大力气、下大功夫在各个环节加强管理、改善服务，力求满足旅客对方便快捷的需要，以赢得旅客的满意，从而获得良好的声誉，树立良好的品牌。

比如，四川航空为部分航程的旅客提供在始发航站办理通程值机和行李直挂服务。旅客可在开通"通程服务"的始发站办理续程航班登机牌，托运行李至续程航班目的地。旅客在中转站无须提取行李，直接享受后段续程旅途的服务，体验全流程中转服务，避免了在中转机场提取行李的劳顿之苦。航空公司竭诚为旅客提供便捷、高效的乘机服务。比如，国航在北京首都机场为旅客提供进出港、中转服务，特殊旅客服务，要客、"两舱"旅客服务，旅客行李服务，航班载重平衡服务，航班离港系统服务，站坪装卸服务，客舱清洁服务，特种设备维修等方面的地面服务，是旅客自助办理乘机手续、旅客自助办理托运行李手续及自主分配航站楼部分机位的航空公司。国航现已在国内 100 个航站开通了国航中心配载业务，成为国内第一家采用中心配载工作模式的航空公司。

连线职场 ▼

4小时以上长时间航班延误旅客最需要什么？

恶劣的天气环境导致航班长时间延误现象多发，在此背景下，民航资源网联合飞友网开展了一项针对民航业内人士和旅客的调查："您认为延误4小时以上航空公司应该提供什么服务？"希望通过调查了解长时间航班延误情况出现后航空公司如何服务，旅客又期望得到怎样的服务。

4小时以上的长时间航班延误的服务需要的投票结果及民航业内人士与旅客在延误赔偿的问题上的投票结果如下。

（1）对酒店休息、饮料餐食的需要比较一致，两项需要都排在前两位，民航业内人士和旅客投票比例分别达到了 26.3%，24.6% 和 22.5%，20.6%。

（2）在接下来排名第3、第4位的选项上，他们出现了分歧。15.3% 的民航业内人士主张赔偿要按不同延误原因来定，10.9% 的民航业内人士则认为应赔300元；但旅客最需要的是对延误真实原因的通报、道歉，这两项需要的投票比例分别为 17.4% 和 13.8%。

（3）在涉及现金赔偿时，11.2% 的旅客选择的是300元现金赔偿，低于300元的赔偿选项只有不到 5.0% 的旅客选择，这也体现了如果真需要经济赔偿，旅客希望得到上限赔偿。

根据调查结果，旅客在延误 4 小时以上时最需要的服务依次是：

（1）酒店休息服务（占 22.5%）；

（2）饮料餐食（占 20.6%）；

（3）及时发布真实消息（占 17.4%）；

（4）端正态度，向旅客道歉（占 13.8%）；

（5）300 元赔偿（占 11.2%）；

（6）低于 300 元赔偿（不到 5.0%）。

四、环境舒适

旅客出门在外，除了需要安全、快捷，还希望整个旅程温馨与舒适。特别是民航旅客，他们对民航服务普遍寄予了较高的期望，希望得到更加人性化的服务。为此，在民航业竞争日益激烈的情况下，各航空公司不但需要改善硬件设备，改善客舱环境，还需要为旅客提供舒适的乘机体验（图 3-3）。

其中，海南航空联合某寝睡品牌提供专业寝睡产品，舒适的羽绒枕头、被子及床垫，让旅客卧躺在云朵般的床榻上，享受海南航空带给自己的高质量睡眠体验。为了让旅客的飞行体验更加舒适便利，该航空公司还精心准备了经济舱舒适用品，包括柔软蓬松的毛毯、腰枕和款式丰富的洗漱包产品。洗漱包按照季节更换新品，内含眼罩、袜套、耳塞、牙刷、牙膏等产品，让旅客全身心放松享受美妙的旅程。

图 3-3 乘机环境

五、尊重

随着社会的发展、社会文明程度的提高、人们自主意识的加强，旅客对尊重的需要越来越强烈。民航旅客作为消费者，在消费过程中希望能够获得民航服务人员的理解和尊重、关心和帮助。其直接的表现方式是希望民航服务人员提供周到、细致、热情的服务和人性关怀。每个人都希望自己得到认可和尊重，民航旅客在旅行中的尊重的需要就是其个人主体地位意识的反映。民航提供了优质服务，把美好留给客人，就会给旅客带来自我存在、自我肯定的心理满足感，也就使民航旅客和民航服务人员之间更加和谐。

相关链接 ▼

把遗憾留给自己，把美好留给客人

成都双流机场贵宾服务部自组建以来即秉承"超前、个性、细微、充满灵性"的服务理念，用心与爱为来到这里的旅客搭建一方温馨天地，她们被旅客亲切地称作"贵花"（贵宾部之花），有"桂花"之意，这里的"桂花"四季飘香，为旅客的心注入了丝丝甜意。

5月底的一天，一早就下着大雨，分队长赵静（化名）在贵宾中心待命，看见门口停了一辆救护车，车上是一位中年男子。她随即了解到这名男子正在做疾病恢复治疗，要在双流机场转机。当看见他行动不便，外面又在下雨时，赵静立即和同事吴亚妮（化名）推来轮椅，考虑到坐在轮椅上脚也容易被淋湿，赵静马上拿来鞋套为男子将鞋子套上，并和同事一起撑着伞将客人送上飞机，将他安顿好后才放心离去，而做完这些的时候，姑娘们早已浑身湿透。但是对于她们来说，能得到旅客的一声感谢，就是对自己工作的最大支持。

"把遗憾留给自己，把美好留给客人"是双流机场管理中心贵宾服务部的服务人员时刻挂在嘴边的一句话，她们也正用自己的言行与微笑实现着承诺：为旅客想得多一些，更多一些，把自己的工作做得细一些，更细一些。

思考与练习 ▼

1. 民航服务的内涵是什么？

2. 如果你是配餐部负责人，请你思考如何改善民航配餐。

任务三
满足特殊旅客的服务需要

任务单 ▼

名称	内容	备注
任务目标	了解特殊旅客的需要，掌握为特殊人群服务的要点； 运用马斯洛的需要层次理论学会为不同人群提供人性化服务，具备共情能力和换位思考能力、职业素养和职业敏感度。	
任务要点	老、弱旅客的服务需要； 病、残旅客的服务需要； 儿童旅客的服务需要； 首次乘机旅客； 重要旅客的服务需要； 国际旅客的服务需要。	
任务实施	学习前查阅相关知识点； 学习中积极参加课堂互动； 学习后巩固所学知识点，完成课后任务。	
任务运用	细致观察与倾听； 个性化服务； 情感关怀； 培训与教育； 反馈与改进。	
任务反思	认识到每位旅客都是独特的，有其特定的需求和期望。只有真正了解并关心旅客，才能为其提供真正满意的服务。掌握观察和倾听的能力，从旅客的言语和行为中捕捉到其真实的需要和情感。摒弃"一刀切"的服务思维，转向个性化、人性化的服务模式。	

知识探究 ▼

特殊旅客服务

特殊旅客是指在年龄、身体、身份等方面情况比较特殊，有别于其他旅客的旅客。因为他们的身份特殊，进而也会产生较为特殊的服务需要。根据实际情况，我们对特殊旅客的服务需要进行了一定的分类。

一、老、弱旅客的服务需要

人到老年，体力、精力开始衰退。老年人在感觉方面比较迟钝，反应慢；

活动能力逐渐减退，动作迟缓，应变能力差。生理的变化必然带来心理的变化，老年人的心境寂寞，孤独感逐渐增强，对是否受到尊重特别敏感，内心渴求他人的关心和帮助。他们在乘坐飞机的过程中特别关心航班的安全问题，担忧在飞机起飞和降落时自己能否适应，需要温馨的、周到的、细致的服务。因此，民航服务人员与老年旅客讲话时速度要放缓，声音稍微大一些，要主动关心、帮助他们。

体弱的旅客在身体方面需要得到更好的服务。因此，民航服务人员应尽可能多地关心和帮助他们。

二、病、残旅客的服务需要

图 3-4　病、残旅客服务

病、残旅客，是指在乘机过程中突然发病的旅客和有生理缺陷的旅客。他们需要及时的、细心的帮助。需要注意的是，残疾旅客的自尊心强，一般不会主动求助民航服务人员，不愿意别人说他们是病人、残疾人，或把他们看成病人、残疾人。对此，民航服务人员要了解这类旅客的心理，要特别尊重他们，并且讲究方式方法地照顾他们，既满足他们的自尊心，又让他们得到无微不至的关怀和帮助，从心底体会到温暖（图 3-4）。

三、儿童旅客的服务需要

图 3-5　儿童旅客服务

儿童旅客主要指年龄在 5～12 周岁的无成人陪伴、单独乘机的旅客。儿童旅客的基本特点是：性格活泼，天真幼稚，好奇心强，善于模仿，判断能力较差，做事不计后果。鉴于儿童旅客的这些特点，民航服务人员在服务时，尤其要注意防止飞机上一些不安全状况的发生。例如，要防止活泼好动的儿童旅客乱摸乱碰飞机上的设施；飞机起飞、降落时要注意防止意外发生（图 3-5）。

四、初次乘机旅客的服务需要

初次乘机旅客一般来说主要是缺乏乘机知识，从而感到好奇和紧张。民航运输毕竟不同于汽车、火车、轮船的运输。因此，初次乘机者对民航的一些设备、环境等都十分好奇，对飞机的安全性心生疑虑，有的旅客甚至非常紧张。

为满足初次乘机旅客的新奇感，民航服务人员要主动为他们介绍本次航班的情况，如机型、飞行高度、地标等，以满足他们的好奇心。首先，初次乘机旅客缺少乘机知识，民航服务人员要主动、耐心地介绍，不要指责或嘲笑他们，避免使旅客感到内疚和尴尬。其次，初次乘机旅客内心比较紧张，对飞机这种交通工具的安全性不放心，针对这种心理，民航服务人员一方面要介绍飞机是在所有交通工具中安全系数最高的，让旅客放松心情，另一方面，亲切地与他们交谈，以分散他们的注意力，使他们感到乘坐飞机不仅快捷，而且安全、舒适。

五、重要旅客的服务需要

一般来讲，重要旅客有着特殊的身份。他们比较典型的心理特点是自我意识强，希望得到相应的尊重，与普通旅客相比，他们更注重环境的舒适度和接受服务时心理上的感觉。同时，由于乘坐飞机的机会可能比较多，他们在乘机过程中会有意无意地对各个航空公司、各条航线的机上服务做比较。民航服务人员为他们服务时要特别注意言语得体、落落大方、热情周到，还应该注意提供个性化服务。例如，当重要旅客一上飞机时，民航服务人员最好能够准确无误地叫出他们的姓氏、职务；当重要旅客递给民航服务人员名片时，民航服务人员应当面读出来，这样可使重要旅客有一定的心理满足感。同时，在提供周到的服务的前提下，民航服务人员应该注意与重要旅客进行共鸣性的交流，使他们的旅行不仅舒适、愉悦，而且对航空公司和服务人员留下深刻而美好的印象。

连线职场 ▼

重要旅客的范围

重要旅客的范围：省、部级（含副职）以上的负责人；军队在职正军职少将以上的负责人；公使、大使级外交使节；由各部、委以上单位或我驻外使、领馆提出要求按重要旅客接待的客人。

重要旅客是航空运输保证的重点，认真做好重要旅客运输服务工作是民航运输部门的一项重要任务。

六、国际旅客的服务需要

想一想 ▼

孕妇是特殊旅客吗？她们乘机需要办理特殊手续吗？什么情况下不予接受运输呢？

国际旅客主要包括旅行旅客和长期旅客。我国改革开放以来，国际化程度越来越高，来我国旅游、考察、留学和工作的外国人越来越多，我国古老灿烂的文化对他们有着强烈的吸引力。但是很多外国人不懂汉语，在交流上存在语言障碍，而且不同文化背景下非语言的交际方式也会存在差异。例如，东方人在相互交谈时一般不直视对方，并且还会因交际双方年龄、性别等因素有所差异，而西方人则希望对方目视自己以示尊重；在我国文化中点头表示肯定，而在有些国家的文化中点头表示否定等。因此，在航空旅行过程中，特别是一些突发情况的发生，如航班延误等，往往会给他们带来诸多不便。所以，航空公司在为国际旅客提供服务时，就要了解他们此行的目的，能用较熟练的外语与他们交谈，并注意不同文化中非语言交际方面的礼仪、习俗等问题，尊重国际旅客本国的文化和行为习惯。值得注意的是，民航服务人员在为国际旅客服务的过程中要不卑不亢，保守国家秘密，维护民族尊严。

思考与练习 ▼

1.什么是特殊旅客？特殊旅客具体包含哪几类？

2.情境体验：假如有初次乘机旅客、老人、残疾旅客、国际旅行团乘坐你当值的航班，你将如何为他们做好服务？

▪评价与反思▪

在这一项目中我们深入探讨了民航旅客的需要与服务。首先，我们通过学习马斯洛的需要层次理论，建立了一个框架，来理解不同层次的需要。这不仅有助于我们区分和识别不同种类的需要，还为我们提供了一个工具来分析和优化服务。我们了解到民航旅客的基本服务需要，涵盖了餐饮、安全保障、便捷服务，环境舒适度和尊敬。这些服务需要是构建高品质服务的基石，航空公司不仅需要满足基本的服务标准，还需注意用个性化服务来提高旅客的满意度。

特殊旅客服务需要部分则让我们具体地了解到不同旅客群体的独特需要。它强调了在提供服务时应持细心、体贴和具有人文关怀的态度。我们学习了如何为老年人、残疾人、儿童和初次乘机旅客提供更为贴心和细致的服务。

我们应认识到每个旅客都有其特殊的需要，而高品质的服务源自对这些需要的理解和满足。我们被鼓励思考如何在实际工作中应用这些知识，不仅是为了完成任务，而且是为了创造一个温馨、舒适的环境，使每一个旅客都有一次愉快的体验。我们要在实践中应用这些理论知识，思考如何不断优化服务，满足不同旅客的需要，构建一个更加人性化的服务体系。

▪学习评价单▪

项目		分值	学生自评	教师评分
知识掌握	1. 需要的定义； 2. 需要的分类； 3. 马斯洛需要层次理论； 4. 特殊旅客包含哪些人群？	30		
能力运用	1. 能运用马斯洛的需要层次理论分析旅客的一般需要； 2. 能学会换位思考，考虑特殊旅客的需要； 3. 能结合实际情况，对不同旅客采取人性化的服务策略。	30		
素质提升	1. 提升了对旅客需要的关注能力； 2. 提升了觉察能力和共情能力； 3. 提升了职业素养。	30		
总结	请简要总结学习本项目的心得体会，包括学习成果、存在的问题和改进措施等。	10		

项目四　识别旅客的气质类型

■项目导入■

　　嗨，未来的民航服务之星！想象一下，你身处一个繁忙的机场，各种各样的旅客穿梭其中：有的人急急忙忙，有的人悠然自得，还有的人眉头紧锁。在这样一个多元化的场所，怎样才能让每一个人都感到满意和舒适呢？答案可能比你想象得更加有趣和多元！在这一项目中，我们将从探索"自我个性"开始我们的奇妙之旅。我们会被希波克拉底体液说的奇特理论所吸引，它将指引我们理解人的性格与气质。接着，我们会深入探索每个人的不同能力，找到让每个人都独一无二的那个点。我们还将进一步了解民航旅客的个性特征和如何为他们提供服务。是的，我们将学会识别气质不同、性格不同、能力不同的旅客，并学会如何用最适合他们的方式来为他们服务。但这不仅是关于旅客的，我们还要深挖民航服务人员的个性品质，探讨如何成为一流的民航服务人员。

　　所以，准备好了吗？准备好开启一段探索个性心理和找到每个人"个性服务密码"的奇妙之旅了吗？拿起你的书，开始这段旅程吧！我们一起来探索如何让每一个旅程都有一个美丽的故事！

■心理沙龙■

　　活动名称：气质模拟活动

　　活动目的：

　　1. 通过有趣的方式理解和体验不同的气质类型。

　　2. 增强团队合作能力和创造力。

　　活动描述：

　　1. 背景介绍：为学生简要介绍希波克拉底的四种气质类型：多血质、胆汁质、黏液质和抑郁质。

　　2. 分组与角色分配：将学生分成四个小组，每组研究和模拟一个气质类型。每组需要自行设计和规划如何表现其分到的气质类型。

　　3. 场景设计：在教室内设计一个模拟飞机客舱的场景，可使用椅子来模拟飞机座椅，每组需进行一个与其气质类型相关的小剧场表演。

4.角色扮演和情景模拟：每组轮流进入"飞机客舱"，展示其创作的小剧目。比如，多血质旅客可以是一个非常外向和友好的旅客，而抑郁质旅客可能更内向。

5.讨论与反思：在所有小组完成表演后，全班进行讨论，探讨各种气质类型的特点和在飞机客舱中可能遇到的情境。

注意事项：

1.鼓励学生充分发挥创意，用有趣的方式来展示不同的气质类型。

2.能够包含实际飞机舱内可能发生的场景，如用餐、休息等，让学生更加投入。

情境再现 ▶▶

由于航空管制，旅客已经在闷热的客舱里待了很长时间了。这时，坐在紧急出口旁的一名男性年轻旅客突然按响呼唤铃，把乘务员叫了过去，并大声嚷道："再不起飞，我就把这个门打开，从这里跳下去了。"当时在场的乘务员恰好是一个正处在带飞阶段的学员，他很郑重地告知旅客紧急门的重要性并强调此门绝对不能打开。当他正对旅客说教时，教员赶过来，轻轻地拍拍他说："麻烦你先去给这位先生倒杯冰水吧，这个门的重要性，这位大哥可清楚了，因为他坐飞机的次数可能比你飞行的次数还要多！是吧，大哥？"年轻旅客赶紧回复道："大姐，您可别这样叫我，我应该比您小。"教员迅速找到突破口，微微一笑说："你以为我想这样叫你呀，可我没有办法啊，因为如果你把这个门打开，我面临的就是丢掉工作，像我这个年龄再找工作，你知道有多难吗？所以为了不失业，我必须得叫你大哥。大哥，就请帮我一个忙，把这个门看管好，可以吗？"周围旅客听了都哈哈大笑起来，这位旅客也有些不好意思了。经过一番对话和交流，当学员送水过来时，听到的竟是这位旅客拍着胸脯说："大姐，您放心，我在门就在；即使我不在，门一定还在！"回到服务间，学员对教员说："师父，您真厉害啊！"教员莞尔说道："这都是应变术的魔力啊！"

一个人的心理活动，总是带有自己的特点，而且人的心理活动的特点还会以某些形式固定下来，带有经常性、稳定性。心理学把一个人身上经常地、稳定地表现出来的心理特征和品质的总和称作个性，亦称人格。而个体在社会活动中表现出来的那些比较稳定的成分，就是个性心理特征，它由气质、性格和能力构成。上述案例中的年轻旅客，因为小小的误会，从开始的怒气冲冲到最终的微笑，短时间内情绪的变化，其实就是其个性使然。

任务一
探索自我气质

任务单▼

名称	内容	备注
任务目标	熟知气质的含义，了解其分类和特点，掌握气质的四种类型； 提升感知不同气质旅客需要的能力； 尊重个体的气质特点，不歧视个体。	
任务要点	气质类型； 气质类型的分类。	
任务实施	学习前查阅相关知识点； 学习中积极参加课堂互动； 学习后巩固所学知识点，完成课后任务。	
任务运用	个性化服务； 团队合作； 培训与发展； 旅客心理分析。	
任务反思	民航工作中，与旅客互动是日常任务，了解每位旅客的个性有利于提供更加个性化的服务。每个工作人员也有自己的个性，这影响了他们的工作方式和与旅客、同事的互动方式。	

知识探究▼

世界上不存在两个个性完全相同的人。有人做事灵活，有人做事稳重；有人内向，有人外向；有人活泼开朗，有人沉默寡言；有人从小表现出超人的艺术才能，有人则在数理逻辑上出类拔萃。我们的身高、体重可以测量，那么我们的心理特质可以测量吗？怎样更好地认识自己呢？

气质，是人的个性心理特征之一。气质相当于人们日常生活中所说的脾气、秉性或性情。

一、气质的由来

公元前 5 世纪，古希腊医生希波克拉底（Hippocrates）提出了气质这个概念，后来罗马医生盖仑做了整理。他们认为人有四种体液——黄胆汁、血液、黏液和黑胆汁。这四种体液在每个人体内所占的比例不同，从而表现出胆汁质（黄胆汁占优势）、多血质（血液占优势）、黏液质（黏液占优势）、抑郁质（黑胆汁占优势）四种气质类型。他们认为四种体液协调，人就健康，四种体液失调，人就会生病。

相关链接 ▼

那些精彩纷呈的气质学说

五行说：将人分为金、木、水、火、土型。

体液说：胆汁质类型的人体内的黄胆汁占优势，直率热情；多血质类型的人体内的血液占优势，活泼好动；黏液质类型的人体内的黏液占优势，安静平稳；抑郁质类型的人体内的黑胆汁占优势，情感细腻，行为孤僻。

血型说：认为人的气质和血型有关，这个学说曾经在日本流行过一段时间。

二、四种气质类型的特征

气质类型

（一）胆汁质

胆汁质的人感受性低，耐受性高；反应不随意性占优势；外倾性明显，情绪兴奋性高，抑制能力差；反应快，但不灵活。

这种类型的人精力旺盛、直率、激动、热忱，易冲动，心境变化剧烈，脾气暴躁，不稳重，好挑衅，情感产生快、强烈而外露，言语行为快捷有力，易兴奋，自制力差，性急粗心，可塑性差，缺乏耐心。

胆汁质的人活动具有明显的周期性，埋头于工作时，有不可遏止和坚韧不拔的劲头，而当精力耗尽时，易失去信心，行为上表现出不平衡。

（二）多血质

多血质的人感受性低，耐受性高；不随意反应性强；具有可塑性；情绪兴奋性高；反应速度快而灵活。

这种类型的人活泼，好动，反应迅速，喜欢与人交往，容易转移注意力，兴趣容易变化；具有很高的灵活性，容易接受新鲜事物；反应速度快而灵活，善于交际，在集体中会处事，朝气蓬勃，表情和语言生动而具有感染力，有较强的主动性。

多血质的人在活动中能表现出充沛的精力，能迅速地把握新事物，在有充分自制能力和纪律性的情况下，会表现出巨大的积极性。兴趣广泛，但情感易变，如果事业上不顺利，热情可能消失，其热情消失的速度与投身事业的速度一样迅速。从事多样化的工作往往成绩卓越。

（三）黏液质

黏液质的人感受性低，耐受性高；不随意的反应性和情绪兴奋性均低；内倾性明显，外部表现少；反应速度慢，具有稳定性。

这种类型的人安静，稳重，反应缓慢，沉默寡言，情绪不易外露，注意力稳定但难以转移，善于忍耐。黏液质的人持重，交际适度，不做空泛的清谈，不易激动，不易发脾气，也不易流露情感，能自制，也不常常显露自己的才能；能够长时间坚持不懈、有条不紊地从事自己的工作，但做有些事情不够灵活，不善于转移自己的注意力。惰性使他们容易因循守旧，表现出固定性有余，而灵活性不足。但是，考虑问题全面以及性格的一贯性和确定性往往能够使他们长时间始终如一地从事枯燥单调的工作。

（四）抑郁质

抑郁质的人感受性高，耐受性低；不随意的反应性低；严重内倾；情绪兴奋性高；反应速度慢；具有刻板性，不灵活。

这种类型的人情绪体验深刻，多愁善感，容易察觉他人不易察觉到的细节；行为较迟缓，较孤僻，犹豫不决，优柔寡断，但细心、谨慎、感受能力强，在友好团结的集体中，能与人融洽相处。抑郁质的人内心情感丰富，易动感情，但爆发性差；具有想象力，做事细致认真，比较刻板。

小贴士▼

在实际生活中，典型的某种气质类型的人并不多，多数人都是混合型气质，且以两种气质混合（双质型）居多，三种气质混合的（三质型）人并不多。

思考与练习▼

1. 不同的气质类型各自有哪些代表人物？
2. 你最喜欢哪一种气质类型？

任务二
分析民航旅客的个性特征及服务

任务单▼

名称	内容	备注
任务目标	了解不同气质类型旅客的个性特征； 熟知民航服务人员良好的个性品质； 学会为不同气质类型的旅客服务； 形成良好的个性品质； 提高服务水平，提升解决问题的能力。在实践中，保持科学、客观、严谨的态度，不夸大或歪曲气质的作用。	
任务要点	认识不同气质、性格和能力的民航旅客的个性特征； 了解不同个性心理特征的民航旅客的服务要点。	
任务实施	学习前查阅相关知识点； 学习中积极参加课堂互动； 学习后巩固所学知识点，完成课后任务。	
任务运用	旅客服务策略； 团队合作； 培训与发展； 服务质量反馈。	
任务反思	为了提供优质服务，民航服务人员必须尽量理解和预测旅客的反应和需求； 不同的个性特征意味着旅客的需求和期望也会有所不同。	

知识探究▼

　　任何人都有可能成为民航旅客，他们有着不同的个性特征，这就需要民航服务人员对不同旅客的个性心理特征有较深的了解。在民航服务过程中，旅客和民航服务人员有时会发生争执，有的旅客甚至因此做出过激的行为。

因此，民航服务人员需要了解旅客的特点，提供针对性的服务。

相关链接 ▼

飞机上遗失的救生衣

旅客曹某计划乘飞机从广州飞往西安。登机前，安检人员通过检查发现曹某的行李中有 3 件救生衣，于是提出疑问。曹某谎称是朋友送的，但安检人员一眼就识别出这种救生衣系飞机专用，对他进行深入询问。曹某知道逃不过安检，只能承认救生衣是在从西安飞往广州的飞机上"顺手"拿的。

原来，曹某于 7 月 4 日从西安到广州出差，因为在飞行途中与空乘人员发生矛盾，就决定偷拿飞机上的物品来报复，心想这样可以让空乘人员因丢失物品而受到处罚。

这时，飞机遇到气流颠簸，一件救生衣从曹某的座位下"滚出"。曹某打开来看，觉得质量不错，想到现在天气炎热，游泳时也许能派上用场，便起了贪念，把救生衣占为己有。他觉得一件不够，还把身旁两个座椅下的救生衣也塞进了自己的行李中。

曹某拿了救生衣后顺利离开机场。但他没想到的是，自己离开广州时却因这些救生衣受阻。安检人员发现其行李中藏有飞机专用救生衣后，马上通知了机场公安人员来处理。随后，曹某被请到机场派出所接受询问。曹某对偷救生衣的行为供认不讳，警方依照《中华人民共和国治安管理处罚法》对曹某做出 10 天的治安拘留处罚。

气质对人的实践活动有很大的影响，因此，无论是旅客的气质，还是民航服务人员的气质，对民航服务工作都会有影响，民航服务人员除了认识自己的气质及特点外，还要掌握不同气质类型旅客的个性特征。

一、不同气质类型旅客的个性特征与服务要点

不同气质类型旅客的
个性特征与服务要点

（一）胆汁质型的旅客

1. 个性特点

这种类型的旅客由于脾气火暴，直来直往，因此在候机、办理手续、进餐、结账时显得心急，不耐烦；对人热情，易激动，喜欢大声说话，毛手毛脚；

不能克制自己，易发怒，常丢东西；精力充沛，情绪产生快且强烈，言语动作急速难控制；由于感情外露，故他们容易激动、发火，一旦被激怒一般不容易平静。

2. 服务要点

针对这类旅客，民航服务人员的服务速度要快，办事要效率高、不拖拉；避免与他们发生争执，出现矛盾应主动回避，不激怒他们；注意并提醒他们不要丢失东西；给他们机会表现自己；如果发生矛盾应该避其锋芒，不计较他们有时不顾及后果的冲动言语，不可与其针锋相对，使矛盾激化。

（二）多血质型的旅客

1. 个性特点

这种类型的旅客外向、大方，面部表情丰富，善于交际，容易结交新朋友；好打听消息，对各种新闻感兴趣，受不了孤独和寂寞，富有同情心；活泼好动，富有生气，情绪变化快，思维、言语、动作敏捷，乐观、亲切、浮躁、轻率。

2. 服务要点

民航服务人员在服务中要注意其好动的特点，多介绍、安排新颖有趣、富有刺激性的活动；对他们主动热情的交往要诚恳相待，不要不理不睬，以满足他们爱交际、爱讲话的特点；提供服务速度要快，方式多变，避免啰唆、呆板。

（三）黏液质型的旅客

1. 个性特点

这种类型的旅客感情比较平稳，情感很少外露，服务人员猜不透他们需要什么；温和稳重，做事慢；好清静，做事谨慎，无创新；沉着冷静，情绪发生慢而弱；思维、动作迟缓，外部情绪表现少，缄默、坚忍、执拗、淡漠。

2. 服务要点

民航服务人员不宜用激动的口吻和他们说话；为其安排的座位尽量位于僻静处，不要过多打扰他们；活动项目不可安排得太紧凑，内容不要太繁杂；有事交代应该直截了当，简单明了，说话慢些，不要滔滔不绝，要重复重点；凡事不可过多催促，允许他们考虑。

（四）抑郁质型的旅客

1.个性特点

这种类型的旅客喜欢独处，不苟言笑，不爱凑热闹，说话慢，有想法和意见却不爱言说；自尊心强，容易因小事而怄气；柔弱易倦，情绪发生慢而强，情感体验深刻，心思细腻；言语、动作细小无力，胆小、忸怩、孤僻。

2.服务要点

民航服务人员对他们要特别尊重，处处照顾他们且不露声色；说话态度温和诚恳，切勿命令指责他们；不和他们开玩笑，不和他们说无关的事，以免引起误会；应把他们安排在清静而不冷僻处，随时关照但不要打扰他们；有事和他们商量要把话说清楚，说话应该慢些，以免引起他们的猜忌和不安。

由于旅客自身的气质差异，这些差异在服务过程中有不同的表现，因此，民航服务人员应掌握气质的基本理论，根据旅客的不同气质类型，进行有针对性的服务，使自己能更好地胜任工作。

二、如何培养良好的个性品质

优质服务需要具有优秀个人素质和能力的民航服务人员提供，而素质是一个人个性、文化教育等相关因素的综合反映。其中，个性是决定个人素质的关键因素。民航服务人员良好个性的培养，是民航企业文化建设中不可忽视的一部分，培养民航服务人员良好的个性，可以从以下几个方面进行。

图4-1 乘务人员文化修养

（一）提高文化素养

民航服务要求服务人员必须具备较深的文化内涵、高雅的职业形象，练达的待人接物、熟练沟通的技巧……因此，优秀的民航服务人员必须不断地提升自己的文化水平，多读书，多思考，不断丰富自己，提升自己（如图4-1）。

（二）培养积极的人生观

人生观支配着一个人对事物的看法和态度，直接影响着一个人的行为。积极的人生态度是人进取的原动力，它可以使民航服务人员乐于从事民航服务工作，增强战胜困难、挫折的信心和勇气，使民航服务人员能够面带微笑地去工作、去生活，从而更深刻地体验生活之美，塑造出乐观、开朗的个性品质。

（三）培养良好的心态

面对同一件事情，不同的人会有不同的心态，因而也会有不同的解决办法。良好的心态是优质服务的保证。民航服务人员要学会宽容，学会理解，学会沟通，能平和地应对工作，以健康、乐观的心态去面对各种类型的旅客。在面对工作中烦琐的问题和不顺心的事时，能善于发现自身情绪及行为变化，进而积极地进行心理暗示，用价值追求和工作、生活目标来提醒自己，及时、合理地释放不良情绪。培养良好的心态，有效促进良好个性的养成。

（四）培养高度的责任感

对于民航服务人员，高度的责任感是做好工作、提供优质服务的前提。因此，从我做起，提高个人的责任意识，是培养责任感的第一步。有责任感的民航服务人员，会对自己从事的工作有清晰而深刻的认识，会热爱工作、乐于奉献，并在工作中体会到使命感和成就感。从这个意义上讲，培养高度的责任感是民航服务人员修炼个性品质、提供优质服务的基本保证。

思考与练习 ▼

1. 举例说明不同气质类型的旅客的心理特点。

2. 联系实际，谈谈如何根据旅客的个性特点做好民航服务工作。

3. 案例分析。

某航班延误……当时航空公司的地面服务人员在没有完全弄清楚延误原因的情况下，告诉旅客该航班是因对方机场的航班流量控制而延误的。殊不知，有位 VIP 旅客马上给对方机场有关部门的一位朋友打电话，得知对方机场正常放行的消息，这位 VIP 旅客勃然大怒，说航空公司不诚信，斥责航空公司不说清楚飞机延误的真正原因。这位旅客一时成了众旅客的"领袖"，他们当场怒斥候机室的工作人员，航空公司的地面服务人员面对此种场面十分尴尬。

请用气质类型理论分析该 VIP 旅客属于哪种气质类型。根据他的个性特点，该如何缓解这种场面？

■评价与反思■

在本项目中，我们深入探讨了个性心理学的核心概念和它在民航服务中的应用。从希波克拉底体液说开始，我们对气质进行了分类和描述，然后探讨了性格和气质之间的联系。

对这一项目的学习不仅仅是理论学习，通过具体揭示不同气质和性格类型的旅客可能有的不同需要和期望，我们可以更好地理解如何提供优质服务。对于民航服务人员来说，理解这些差异是至关重要的，有利于他们更加敏锐和适应不同旅客的需要，从而提高服务质量。

我们还讨论了民航服务人员应具备的个性品质，以及如何培养这些品质。培养良好的个性品质不仅可以提高工作效率，还有利于建立一个更加和谐、更加尊重他人的工作环境。

■学习评价单■

项目		分值	学生自评	教师评分
知识掌握	1. 气质的含义、分类和特点； 2. 不同气质类型的旅客的个性特征； 3. 民航服务人员应具备的良好的个性品质。	30		
能力运用	1. 感知不同气质类型旅客的需要； 2. 能运用民航服务心理学知识，为不同气质类型旅客提供针对性服务； 3. 提升个人良好的个性品质。	30		
素质提升	1. 尊重个体的气质特点，不歧视个体； 2. 提高服务水平，提高解决问题的能力； 3. 在工作和实践中，保持科学、客观、严谨的态度，不夸大或歪曲气质的作用。	30		
总结	请简要总结本项目学习的心得体会，包括学习成果、存在的问题和改进措施等。	10		

项目五 识别民航服务中的情绪情感与服务

■项目导入■

欢迎来到项目五，一个情感丰富的世界正在等待你去探索！在本项目中，我们首先会多维度地探讨情绪情感——从它的含义和特征到它的各种表现形式，同时，我们会深入探索那些能够影响我们日常生活的细微情绪。每一次飞行都是一段情感的旅程，而你就是那个可以调控它的"导演"。当我们谈及服务人员时，情绪变得尤为重要。我们将讨论良好情绪的标准和它对民航服务的积极作用，也会指出不良情绪可能带来的消极影响。其次，我们将深入探讨民航服务人员的情绪调控技巧，学习如何应对各种情绪困扰，以及如何有效地调节自身的情绪。

所以，你准备好开启这一段感性的旅程了吗？拓展你的情绪情感知识，学会更好地理解自己和他人，使民航服务变得更加优质！

■心理沙龙■

活动名称：情绪模仿秀

活动简介：

"情绪模仿秀"是一个旨在帮助学生更好地理解和识别各种情绪的轻松和有趣的游戏。这项活动可以提高学生的情绪认知能力，并在愉快的环境中调动他们的积极情绪。

活动步骤：

1.准备一组情绪卡片，每张卡片上写有一个代表不同情绪的词，如"高兴""生气""惊讶""忧郁"等。

2.将学生分为几个小组，每组4～5人。

3.请每组轮流进行游戏。在每轮游戏中，一个学生随机抽取一张卡片，但不能向其他人展示卡片上的词。

4.抽到卡片的学生必须用面部表情、身体语言或声音来表达卡片上的情绪，但不能使用任何言语。

5.其他组员有1分的时间来猜测他正在表现的是哪种情绪。正确答出的组员可以获得一分。

6.游戏继续进行，直到每个人都有机会模仿情绪。在游戏结束时，积分最高的组获胜。

情境再现 ▶▶**机舱内起雾，旅客质疑机长"闹情绪"**

某日上午，由于三亚地区雷雨交加，一众旅客最终被安排至海口登机。然而，海口美兰机场也同时滞留了很多旅客，其中包括搭乘春秋航空上午未能起飞的航班的旅客。"为了能登上这架返回上海的飞机，数百名旅客在机场柜台前哄抢登机牌，场面十分混乱。"赵女士回忆称。半小时后，拿到登机牌的"幸运儿"登上了飞机，待大家坐稳后，机内广播称准备好了，顿时一众旅客纷纷鼓掌表示庆贺。

然而，飞机并没有马上起飞，而是因天气和被管制而又等待了70分钟。随后，机舱内传来的一条广播在乘客间引起一片哗然。"居然说机组人员已飞行超时，需要更换。"另一位旅客沈女士说。在旅客的质疑声中，机长也闹起了"情绪"，先是把加湿器开得很大，使机舱内有了一片雾气，不少旅客透不过气来，经服务人员协调后，机长关了加湿器但又把空调开到最大挡，让大家冷得受不了，如此反复三次。

经过服务人员沟通后，飞机于11∶40起飞了，但并非如往常那样平稳地起飞，而是"腾"地就飞上了天。"像坐云霄飞车一样，太惊险了！"沈女士说。机长的技术令旅客们的心都悬了起来，次日凌晨1∶40飞机抵达上海。

人类在认识外界事物时，会产生喜与悲、乐与忧、爱与恨等主观体验。心理学上把人对客观事物的主观体验及相应的行为反应，称为情绪。

在民航服务过程中，我们常常可以看到旅客与民航服务人员表现出的各种情绪与情感。民航服务人员不仅要感知自己的情绪变化，还要及时观察旅客的情绪变化，才能更好地开展工作。

任务一
认识情绪

任务单 ▼

名称	内容	备注
任务目标	了解情绪的含义、特征、表现形式、类型及其对身心的影响； 掌握通过表情正确判断情绪的方法； 提高服务敏感度，提高旅客满意度，提高敏锐的观察能力。	
任务要点	情绪的定义； 情绪的构成成分。	
任务实施	学习前查阅相关知识点； 学习中积极参加课堂互动； 学习后巩固所学知识点，完成课后任务。	
任务运用	掌握情绪的理论基础知识，为其应用打下基础。	
任务反思	我们深入了解了情绪的多个方面和识别它们的重要性。通过理解情绪的含义、特征、表现形式和类型，我们可以更好地认识到它对身心的影响，从而提高我们在民航服务中的表现。	

知识探究 ▼

一、情绪的含义

个体在心理发展中，首先出现情绪反应，其次发生情感体验。刚出生的婴儿在一个月内就出现了开心、痛苦的情绪反应。他们最开始的面部表情具有反射的性质，随后发生的社会性情绪反应就带有体验的性质，由此产生了情感。例如，在母子交往中，母亲的哺乳喂养行为引起婴儿对食欲满足的情绪，母亲在抚摸婴儿的时候引起婴儿愉快享受的情绪。婴儿在适应母亲的抚摸与爱护后就形成了依恋的情感。这种依恋具有相对稳定而平缓的性质。然而，已经形成的情感，常常要通过具体的情绪表现出来，对成年人来说也是如此。比如，对于祖国的热爱，爱国主义的情感，也会通过情绪表现出来。一个人对祖国取得的成就欢欣鼓舞，对敌人充满仇恨，这都是表达情感的情

情绪

绪；每当这些情绪发生时，人们都会体验到爱国主义的情感。

（一）情绪的定义

情绪，是指人对客观事物是否符合自己的需要而产生的主观态度，表现为这种需要的变动情况（即刺激）引发的一种身心状态的改变。

当客观事物或情境符合个体的愿望或需要时，个体会产生积极、肯定的情绪。相反，当客观事物或情境不符合个体的愿望或需要时，个体则会产生消极的、否定的情绪。

情绪可以通过表情表现出来，包括面部表情、身段姿态表情和言语声调表情。面部表情是情绪表现的主要形式。面部表情是在种族遗传中获得的。面部肌肉运动向脑提供感觉信息，引起大脑皮层下的信息整合活动，使个体产生情感体验。表情对儿童认知和社会性发展以及对成人的交际具有重要的意义。

（二）情绪的构成

民航旅客与服务人员情绪的构成一般包括三个层面，即认知层面上的主观体验、生理层面上的生理唤醒和表达层面上的外显行为。在情绪产生时，这三个层面的情绪共同作用，构成一个完整的情绪体验过程（图 5-1）。

1. 主观体验

图 5-1　旅客体验感

情绪的主观体验是人的一种自我觉察、自我感受的状态。民航服务过程中，民航服务人员在与旅客交往时，双方的一言一行都会使对方产生主观体验。例如，民航服务人员对旅客发自内心地微笑，旅客会感到民航服务人员和蔼可亲，从而产生愉快的情绪；旅客报以同样的微笑时，民航服务人员也会产生愉悦的情绪体验。

2. 生理唤醒

生理唤醒涉及神经系统的广大区域，是情绪和情感在生理方面的反应。例如，激动时血压升高，愤怒时浑身发抖，紧张时心跳加快，害羞时满脸通红。血压升高、浑身发抖、心跳加快、满脸通红等，是一种内部的生理反应，是伴随着不同情绪而产生的。

3. 外显行为

在情绪产生时，人们还会出现一些外部反应，这些反应也是情绪的表达过程。例如，人悲伤时会痛哭流涕，激动时会手舞足蹈，高兴时会开怀大笑，郁闷时会沉默不语。情绪所伴随出现的这些相应的动作姿态，就是情绪的外显行为。这是民航服务人员判断旅客情绪的外部指标。

情绪是一种复杂的心理现象，其表现形式多种多样，有的外露，有的内隐。因此，如果需要确切地了解情绪，就必须细心观察。

二、情绪的特征

情绪具有四个方面的特征。

（一）情绪由刺激引起

当外界的客观事物与人自身的需要形成某种关系时，这种客观事物就成为对人自身的一种刺激。这种刺激使人的身心处于一种激动状态，人对这种状态的体验就是情绪。有的刺激是外在的、具体可见的，如和煦的阳光、清新的空气、美丽的风景，令人心旷神怡。有的刺激则是内在的、不可捉摸的，如记忆、联想、想象等，这些内在的刺激也可以使人产生不同的情绪体验。

（二）情绪受需要影响

每个人都有各种各样的需要。个体在追求需要满足的过程中，对各种需要是否满足、满足的程度如何等，都会产生各种主观体验，这种体验就是情绪。情绪具有肯定和否定的性质。能满足人的需要的事物会引起人的肯定性质的体验，如果需要能够顺利被满足或满足程度很高，个体就会产生一种积极的和正面的情绪，如快乐、满意等；反之，不能满足人的需要的事物会引起人的否定性质的体验，个体就会产生消极的和负面的情绪，如愤怒、憎恨、哀怨等。情绪反映了个体需要的满足状况，与需要无关的事物，会使人产生无所谓的情绪。积极的情绪可以提高人的活动能力，而消极的情绪则会降低人的活动能力。

（三）情绪受到自身认知的影响

我们往往有这样的经验，同样面对航班延误，虽然民航服务人员解释的内容是一样的，但是有的旅客可能心平气和地接受，情绪稳定；有的旅客却会气愤万分，大为恼火。可见，面对同一种刺激，不同的人情绪反应会不一样。

这种情绪反应的差异现象，是与人的认知状况相联系的。每个人都有关于自己、他人和社会的一些稳定的态度与信念。这些认知的不同，使人在面对同样的刺激时，会有不同的态度和体验，因而会产生不同的情绪。

相关链接▼

情绪 ABC 理论

情绪 ABC 理论的基本观点是：人的情绪不是由某一诱发性事件本身引起的，而是由经历了这一事件的人对这一事件的解释和评价引起的。在 ABC 理论中：A 是指诱发性事件（activating event）；B 是指个体在遇到诱发事件之后相应而生的信念（belief），即个体对这一事件的看法、解释和评价；C 是指特定情境下，个体的情绪及行为的结果（consequence）。通常人们会认为，人的情绪的行为反应是直接由诱发性事件 A 引起的，即 A 引起了 C。ABC 理论则指出，诱发性事件 A 只是引起情绪及行为反应的间接原因，而人们对诱发性事件所持的信念、看法、解释 B，才是引起人的情绪及行为反应的直接原因。情绪 ABC 理论的创始者埃利斯（Albert Ellis）认为：正是由于我们常有的一些不合理的信念才使我们产生情绪困扰。如果这些不合理的信念长期存在，还会引起情绪障碍。

想一想▼

用心服务、真诚工作

小柯是某机场一名 VIP 接待员，早上上班快要迟到了，而迟到就会影响工作，被班组长批评。这时，他等了很久的公共汽车终于来了，可是车上挤满了人，他完全没有办法挤上去；他想打车，但没有一辆出租车是空车。小柯变得焦虑、烦躁，深深自责，觉得自己应该早一点起床。按照情绪 ABC 理论，在这个场景中：

A 是_____，B 是_____，C 是_____。

（四）情绪具有不易自控性

情绪体验的产生及其强度，虽然与人的认知关系紧密，但是在情绪状态下伴随产生的生理变化和行为反应，通常是个体无法自主控制的。情绪一旦产生，个体就会不由自主地通过各种方式表现出来，并且同时会伴随一定的生理反应。情绪生理反应是指在情绪活动中伴随发生的一系列生理变化。它主要由自主神经系统和内分泌系统活动的改变而引起。例如，心率加快、血压升高、瞳孔放大、外周血管舒张或收缩、神经内分泌变化等。这些随情绪产生而相伴的生理反应，表示人体各种器官的活动在增强，能够保证机体活动时所需的能量供应，从而使机体做好应急准备。这是机体的一种自我保护功能的显现，是人体的本能活动。这种本能是人的主观意识所无法轻易控制的。

三、情绪的表现形式

随着社会的发展，现代人的表情动作成为一种交际手段。人的许多表情动作都是后天习得的，受到民族、社会文化、风俗习惯的影响。每个人的情绪都可以在不同的表情动作中表现出来。因此，民航服务人员应该学会从旅客的表情动作中了解其情绪，从而了解旅客的心理，为做好服务工作打下良好的基础。我们一般可以从以下几个方面观察到旅客的情绪。

（一）面部表情

面部表情是指通过面部器官的变化来表现各种情绪状态。面部表情的变化包括眼、眉、嘴等的变化，人的面部表情的变化是人的各种情绪变化的体现。例如，欢乐时，人会眉开眼笑、嘴角上扬、上唇向上绷紧；悲哀时，人就双眉紧锁、嘴角下垂、眼泪汪汪；表示轻蔑时，人会双目斜视、嘴角微撇、鼻子高耸，如图 5-2 所示。

此外，还有一些判断表情的测试，如表 5-1 所示。

图 5-2　人的各种表情

表 5-1　判断表情的测试

部位	欢乐	愤怒	悲哀	恐怖	厌恶
额与眉	平静	左右两眉靠紧，向上形成八字形，眉间和额上出现皱纹	左右两眉靠紧，向下眉间出现反八字形的皱纹	眉毛向上，惊讶时有皱纹	稍靠近眉间处出现皱纹
眼睛	下眼皮向上，眼角出现皱纹	大开	一部分或全部闭上	大开	通常稍变小，伴有眼球转动
鼻子	正常	鼻翼扩大	绷紧，变细，稍稍变长	鼻翼扩大	向上，鼻根上出现皱纹，鼻翼倾向两边
嘴	嘴张开，上齿露出	向两边紧紧地张开，下齿露出	张开，扭曲	张开，特别在情绪强烈时大开而不闭	稍稍向上
嘴唇	唇角向后，上唇向上绷紧	唇角向下，下唇充满力量	唇角向下，下唇颤动	唇角稍向下	唇角向下，下唇突出
下颚	下垂，颤动	有力地向前突起	下垂	固定（不变）	向上

（二）人体动作表情

人的全身动作也有表达和传递感情的作用。动作表情指的是通过身体各部分的动作来表达情绪。例如，欢乐时手舞足蹈，狂喜时捧腹大笑，悔恨时捶胸顿足，惊恐时手足无措。

（三）言语表情

言语表情指的是情绪在音调、节奏、速度方面的表现。例如，高兴时音调高，速度快，语音差别较大；悲哀时语调低沉，说话缓慢等。人们说话的声音、语调、节奏、断续等，都是表达和判断情绪的指标。手势和言语变化是人类特有的言语表情的一种形式，也是表达情绪的重要指标。

思考与练习▼

1. 简述情绪的含义、特征。
2. 简述情绪的构成。
3. 情绪的表现形式有哪些？

任务二
分析民航旅客的情绪与服务

任务单▼

名称	内容	备注
任务目标	了解情绪的分类，结合实例进行理解； 通过情绪的基本形式与状态了解民航旅客； 提高服务水平，提升旅客满意度，提高解决问题的能力。	
任务要点	情绪的分类； 三种情绪状态：心境、激情、应激	

名称	内容	备注
任务实施	学习前查阅相关知识点； 学习中积极参加课堂互动； 学习后巩固所学知识点，完成课后任务。	
任务运用	情绪识别：学会通过旅客的表情和语言来识别他们的情绪； 个性化服务：通过识别旅客的情绪状态，提供个性化的服务，例如，安慰一个感到恐惧的旅客。	
任务反思	我们深入探讨了情绪的分类和状态，理解和掌握这些知识将使民航服务人员更好地理解与回应旅客的情绪状态，为他们提供更周到、更个性化的服务。	

知识探究 ▼

随着社会的发展，民航离我们不再遥远，越来越多的人成为民航旅客，他们来自不同的地方，有着不同的文化背景、生活习俗以及认知观念。形形色色的人构成了民航旅客群体，民航服务人员必须了解民航旅客的情绪情感，掌握他们不同的情绪情感的特征。

一、情绪的分类

关于情绪的分类，我国古代就有人曾提出"七情六欲"说，这是对情绪的基本形式的概括。近代西方学者则认为人的基本情绪分为四类：喜、怒、哀、惧。

相关链接 ▼

七情六欲是什么

七情，指一般人所具有的七种感情，喜、怒、哀、惧、爱、恶、欲。

六欲，指色、声、香、味、触、法（或食、财、色、丁、权、贵）。

如今"七情六欲"这一词语，泛指人的各种情感和欲望。

从生物进化角度来看，我们可以把情绪分为两种，即基本情绪和复合情绪。基本情绪是人和动物共有的，基本情绪是天生的，每种情绪都有独立的神经生理机制、内部体验和外部表现。一般认为愉快、愤怒、恐惧和悲哀是最基本的原始情绪。近年对情绪发展的研究以面部表情区分出 10 种基本情绪，它们是兴趣、愉快、痛苦、惊奇、愤怒、厌恶、惧怕、悲哀、害羞和自罪感。前 8 种在 1 岁内均已出现，后两种在 1 岁半左右亦能出现。成人除基本情绪以外，还有许多复合情绪。复合情绪则是由基本情绪组合而成的。例如，焦虑和忧郁等可能带有异常性质的情绪，是几种基本情绪的混合。焦虑包括恐惧、痛苦、羞耻、自罪感等成分；忧郁包括痛苦、恐惧、愤怒、厌恶、轻蔑和羞耻等成分。人类复杂的情绪情感蕴含着丰富的内容。

二、情绪的基本形式

（一）快乐

快乐是人类精神上的一种愉悦，是一种心理上的满足，是由内而外感受到的一种非常舒服的感觉，指人开心、高兴的状态。快乐的产生以其生理、心理和社会的条件为依据。

快乐有本能和感觉水平上的，它主要包含三个方面。一是感觉快乐，即人们生活在舒适环境中感觉很快乐，如疲劳之后冲个热水澡，繁忙之后进行休闲活动等。引起身心快乐的条件既有自然的，也有社会的，不过这多属于感觉水平上的情绪感受。二是内驱力快乐，即生理需要得到满足所产生的快感。此时，内驱力产生于维持有机体平衡的循环过程中。三是玩笑中的快乐，即人们在玩笑和娱乐中产生的快感。娱乐主要是为了消遣，为人们提供情感价值。娱乐是生活中的"调料"，是人们在紧张之余得到的松弛感，在平淡之中加入的趣味。快乐的多少，来自有乐趣的事物的多少，来自满足自己内心需求、愿望的多少（例如，我想要什么，我喜欢什么，我期望什么，这些满足得越多，人快乐的次数也就越多）。

（二）痛苦和悲伤

痛苦是一种普遍的负性情绪。痛苦是人生中不可避免的情绪感受。痛苦作为一种力量，驱使人们去应对和改变导致痛苦的因素，以改善自己的处境。悲伤是痛苦的发展和延伸。

一些心理学家认为，悲伤和痛苦是同一种情绪的两种表现形式。不过，悲伤和痛苦还是有区别的。例如，饥饿、肉体疼痛的生理变化所引起的哭闹只能称痛苦而不能称悲伤。

痛苦常常被掩盖起来，而悲伤通常通过哭泣等表现出来。所以，悲伤比痛苦具有更鲜明的情绪色彩。悲伤会使人感到失去力量、失去支持、失去希望，从而感到无助和孤独。悲伤代表着失去亲人或失去重要资源时的情绪状态。当自己必须忍受这种分离或失去时，痛苦和悲伤就会转化为忧愁或忧郁。

（三）愤怒

愤怒是一种常见的负性情绪，是人类不断演化的产物。其发生形式常与搏斗、攻击行为相联系。随着社会文化的形成和演变，愤怒的原发形式常被掩盖，愤怒的功能也已改变。愤怒是一种不可忍受的情绪，然而文化的约束使个体对自己的冲动行为有所收敛和控制。

（四）恐惧

恐惧是有害的情绪。强烈的恐惧所产生的心理震动可能会威胁人的生命。在巨大的自然灾害中，一部分人丧生不是由于身体的创伤，而是由于情绪的崩溃。

不确定性和不可预料性是恐惧的诱因，在一定时间和空间内期望的或熟悉的事情没有发生可能会让人产生危机意识，从而产生恐惧预期。孤独对人也有威胁，孤独是基本的和天然的恐惧的诱因。

恐惧受个体自身所处的文化和生活经验影响。失业、离婚、被盗窃等，都能诱发恐惧。恐惧可以是习得的，也可以由想象或认知过程所诱发。来自记忆和认知评价的预期都可引起恐惧。

相关链接 ▼

15 种情绪及其"核心相关主题"

拉扎勒斯提出了人具有的 15 种情绪。

愤怒——冒犯、贬低我和我的东西。

焦虑——面对存在的不确定的威胁。

惊恐——面对具体的突如其来的身体上的危险。

内疚——触犯了道德戒律。

羞愧——未能达到理想的自我。

悲伤——经历了无可挽回的损失。

羡慕——想要别人所拥有的东西。

妒忌——因与另一方的感情失去或被威胁而憎恨第三方。

厌恶——接受一个难以理解的主意。

快乐——朝向目标的实现取得了合理的进步。

自豪——通过对有价值的客体或成就感到光荣来提升个人的自我认同。

放松——令人苦恼的与目标不相容的情况已经好转或已经过去。

期望——担心最差的情况而又向往更好的。

爱——渴望或参与爱，但通常不需要回报。

同情——为他人的痛苦所打动，想要给予他人帮助。

三、情绪状态与民航旅客

情绪状态是指在某种事件或情境的影响下，在一定时间内所产生的某种情绪，有狭义与广义之分。前者主要指心境，是情感方面的心理状态，具有持续性、外显性、情境性、个性化。后者指情绪本身的存在形式，主要分为心境、激情和应激三种。心境是较微弱而持久的情绪状态，具有感染性和弥散性的特点；激情是强烈而短暂的情绪状态，具有冲动性和爆发性的特点；应激是在出乎意料的紧急情况下出现的高度紧张的情绪状态，往往有两种极端的表现，一种是惊慌失措、目瞪口呆，另一种是急中生智、力量骤增。一般我们理解的情绪状态主要指心境、激情和应激三种。

（一）心境

心境是一种具有感染性的、比较平稳而持久的情绪状态，即平时我们所说的心情。人处于某种心境时，会以相应的情绪体验看待周围事物。例如，人伤感时会见花落泪，对月伤怀。心境体现了"忧者见之则忧，喜者见之则喜"的弥散性特点。平稳的心境可持续几小时、几周、几个月，甚至一年以上。一种心境的持续时间依赖引起心境的客观刺激的性质。例如，失去亲人往往使人产生较长时间的悲伤心境；一个人取得了重大的成就，在一段时间内会处于积极、愉快的心境中。人格特征也能影响心境的持续时间，同一事件对一些人的心境影响较小，而对另一些人的影响则较大。性格开朗的人往往很快释怀，而性格内向的人则不容易释怀。因此，心境持续时间的长短，与人的气质、性格有一定联系。

心境对人的生活、工作、学习、健康有很大的影响。积极向上、乐观的心境，可以提高活动效率，增强信心，有益于健康；消极悲观的心境，会降低认知活动效率，使人丧失信心和希望；经常处于焦虑状态，会有损健康。若民航旅客处于积极的心境中，民航服务人员就容易顺利地开展工作；若民航旅客处于消极的心境中，民航服务人员的工作难度就会增加。值得一提的是，人的世界观、理想和信念决定着心境的基本倾向，对心境有着重要的调节作用。

（二）激情

激情是一种强烈的、爆发性的、短促的情绪状态。这种情绪状态通常是由对个人有重大意义的事件引起的，情绪表现猛烈，但持续的时间不长，并且牵涉面不广。激情通过激烈的言语爆发出来，是一种心理能量的宣泄，从一个较长的时段来看，对人的身心健康的平衡有益，但过激的情绪可能会使身心失衡而产生危险。特别是当过激的情绪表现为惊恐、狂怒而又爆发不出来的时候，人可能会全身发抖、手脚冰凉、小便失禁、浑身瘫软，就需要赶快被救治。重大成功之后的狂喜、惨遭失败后的绝望、亲人突然去世引起的极度悲哀、突如其来的危险所带来的异常恐惧等，都是激情状态。在民航服务中，脾气急躁的旅客会因没有受到应有的尊重而感到愤怒，就是其情绪的激情状态的体现。

（三）应激

应激是指人对某种意外的环境刺激所做出的适应性反应。这些刺激因素被称为应激源。应激是在出乎意料的紧迫与危险情况下产生的高度紧张的情绪状态。应激的最直接表现是精神紧张。例如，人们遇到某种意外危险或面临某种突发事件时，必须集中自己的智慧和经验，发挥自己的全部力量，迅速做出选择，采取有效行动，此时人的身心处于高度紧张状态，即处于应激状态。例如，飞机在飞行中，发动机突然发生故障，飞行员紧急与地面联系着陆，旅客惊慌失措；正常行驶的汽车发生意外故障时，司机紧急刹车等。在这些情况下人们产生紧张情绪，就是应激的表现。处于应激状态的旅客很可能丧失理智，做出非常规行为，这对民航服务人员的业务水平、工作经验、心理素质就有了更高的要求。

相关链接▼

热水引发的对话

某航班，一对夫妇携孩子（儿童）乘机，乘机过程中孩子想要一杯水，于是乘务员为其倒了一杯热水，孩子在喝水过程中飞机颠簸，热水洒出，致使孩子被烫伤。

不论责任在谁，发生烫伤时乘务人员需第一时间做紧急处理，如确认伤势，冷敷，联系医生或地面服务人员等，并做好安抚旅客的工作。

试分析案例中飞机乘务人员的做法有哪些不当之处，并指出他该如何做。

思考与练习▼

1. 情绪的基本形式有哪些？
2. 列出自己的快乐清单。

任务三
学习民航服务人员的情绪调控

任务单▼

名称	内容	备注
任务目标	学会运用情绪调控方法，提高自身的心理素质； 化解旅客的不良情绪，提高民航服务质量； 提高对自己与旅客心理的敏感度和关注度。	
任务要点	情绪的分类； 三种情绪状态——心境、激情、应激； 调整不良情绪。	
任务实施	学习前查阅相关知识点； 学习中积极参加课堂互动； 学习后巩固所学知识点，完成课后任务。	

续表

名称	内容	备注
任务运用	情绪疏导：在遇到心存不满或情绪激动的旅客时，有效地使用情绪识别和管理技能来疏导旅客的情绪，维护良好的服务环境。 自我管理：理解情绪对身心的影响有助于服务人员更好地管理自己的情绪，确保提供高质量的服务。	
任务反思	通过学习这一任务的内容，民航服务人员可以更好地利用情绪理论来提升自身的服务水平，提供更高质量的服务，也能更好地保持自身的心理健康，同时也能更好地管理和调整自身的情绪状态，以提供更高效的服务和更和谐的服务环境。	

知识探究 ▼

一、健康情绪的标准

健康情绪的标准主要包括诱因明确、情绪稳定、心情愉快、反应适度。

（一）诱因明确

健康情绪的发生一定有诱发因素，无缘无故产生的情绪是不健康的。快乐的情绪是由可喜的事件引起的，悲哀的情绪是由不愉快的事件或不幸的事情引起的。一定的事物引起相应的情绪是情绪健康的标志之一。反之，无缘无故的喜，无缘无故的怒，以及莫名其妙的悲伤或恐惧等都是不健康的情绪表现。

（二）情绪稳定

情绪稳定表明个体的中枢神经系统的活动处于相对平衡状态，反映了中枢神经系统活动的协调性。一个人情绪经常不稳定，变幻莫测，是情绪不健康的表现。

（三）心情愉快

心情愉快表明人的身心和谐，表明一个人的身心处于积极健康的状态。一个人经常情绪低落，总是愁眉苦脸，心情苦闷，则可能是心理不健康的表现，需注意调节。但是，一个人在生活中难免遭遇挫折或不幸，例如，因亲友的病故而悲哀，这是正常的情绪反应。

（四）反应适度

情绪反应的强度、持久性与引起情绪的事件以及个性特点等有关。一般来说，对个体有较大威胁意义的事件引起的情绪反应强烈；反之，则不是很强烈。但是，对于一个情绪健康的人来说，不管是何事发生，其反应都会控制在较为理智的范围内，他也会表现出良好的调适能力。情绪反应适度也涵盖了对情绪的控制和调适，是情绪健康的又一个标志。

相关链接 ▼

情绪健康的人具有的特点

1. 开朗，豁达，遇事不斤斤计较，不为鸡毛蒜皮的小事动肝火或郁结于心。

2. 情绪正常、稳定，很少大起大落或喜怒无常，能承受欢乐与忧愁的情绪考验。

3. 能给人以爱和接受别人的爱，待人热情，乐于助人，有同情心。

4. 谈吐风趣、幽默、文雅。

5. 自信、乐观、有主见，能独立地解决问题，有创造性地工作。

6. 明智，少偏见，能正确认识自己和他人的长处、不足。

7. 对前途充满信心、富有朝气、勇于上进、坚韧不拔。

8. 能面对现实、承认现实和接受现实，并能按社会的要求行动。

9. 对平凡的事物保持兴趣，能不断从生活环境中得到美和快乐，会工作也会消遣。

10. 尊重他人，能与人为善，和睦相处，建立良好的人际关系。

二、健康情绪对民航服务的积极作用

在民航服务工作实践中，健康的情绪对民航服务人员自身的发展及提供高品质的服务等具有重要作用。

（一）积极情绪可以促进民航服务人员的身心健康

情绪分为积极情绪和消极情绪两大类。积极情绪对健康有益，消极情绪会影响身心健康。我国自古就有喜伤心、怒伤肝、思伤脾、忧伤肺、恐伤肾之说，可见人的情绪与健康有着密切的关系。长期不愉快、恐惧、失望，会抑制胃肠运动，从而影响消化机能。情绪消极、低落或过于紧张的人，往往容易患各种疾病。因此，只有保持乐观的情绪，才有利于身心健康。健康、积极的情绪，是保持心理平衡与身体健康的条件，而民航服务人员的身心健康又是保证民航服务质量的前提条件（图5-3）。

（二）积极情绪可以促进民航服务人员自身的发展

积极情绪表现为精神上的愉快和情绪上的饱满，民航服务人员只有保持乐观的人生态度、开朗的性格、热情超然的品质，

图5-3 积极情绪可以促进民航服务人员的身心健康

才能正确认识、对待各种现实问题，从容地面对和化解人际交往中的各种矛盾，也才能更好地应对工作中的难题。

（三）积极情绪可以提高民航服务人员的服务质量

1.拉近与旅客的心理距离

旅客在将要开始旅程时，可能会有一定的紧张和不安情绪，而民航服务人员的积极情绪，如轻松愉悦等，不仅能使自己处于一种良好的工作状态，而且还会感染旅客。因为拥有良好情绪所流露出来的真实而真诚的笑容，可以在不经意间消除对方的紧张与不安，使旅客感到安全，可以拉近彼此之间的心理距离，建立起和谐、可信赖的服务关系。良好服务关系的建立，是提高服务质量的首要条件。

2.化解旅客不良情绪

民航服务人员积极的服务情绪常常通过微笑传达给旅客。微笑，是一种特殊的情绪语言，是服务工作的润滑剂，也是民航服务人员与旅客建立感情的基础，更是服务行业职业道德的重要内容。它可以代替语言上的"欢迎"，消除旅客的紧张心理，有安抚民航旅客情绪的作用。因此，民航服务人员的积极情绪可以改变旅客的态度，化解民航旅客的不良情绪，有利于民航服务工作的顺利进行。

三、不良情绪对民航服务的消极影响

在日常的服务工作中，民航服务人员面对不理解自己的民航旅客、社会舆论的压力、同事间的压力等，难免会产生不良情绪。不良情绪的消极影响

主要表现在以下几方面。

（一）不良情绪影响民航服务人员的工作质量

在不良情绪的阴影下，民航服务人员可能会处于一种伤心、愤怒或心不在焉的状态，这种状态会严重影响民航服务人员的工作积极性，取而代之的可能是敷衍的工作态度，会极大地降低工作质量。

（二）不良情绪影响民航服务人员的身心健康

凡是不能满足人们需要的事物或服务，都可能使人产生否定的态度，并产生消极的、不愉快的体验。不良情绪包括愤怒、憎恨、忧愁、焦虑、恐惧、苦闷、不安、沮丧、忧伤、嫉妒、耻辱、痛苦、不满等。这些都是与消极情绪密切联系的。从某种意义上说，消极情绪是对心理不利的，往往会因过分地刺激人的器官、肌肉及内分泌腺而损害人的健康。这种情绪的产生，一方面是机体为适应环境而做出的必要反应，它能动员机体的潜在能力，使机体为适应变化的环境而抗争；但另一方面这种情绪的产生又会引起高级神经活动的机能失调，使人的身心失去平衡从而对机体的健康产生十分不利的影响。

经常、持久的消极情绪所引起的长期过度的神经系统紧张，往往会导致身心疾病。例如，神经系统功能紊乱、内分泌功能失调、免疫功能下降，这些身心疾病又会导致精神障碍或其他器官发生系统疾病。

（三）不良情绪容易导致民航服务人员和旅客之间不必要的误会

民航服务人员带着不良情绪工作时，是不可能为民航旅客提供良好的服务的。不良情绪破坏服务关系的和谐。被不良情绪困扰的民航服务人员，很难与民航旅客建立良好的服务关系。而良好的服务关系的建立和维持，是保障民航服务质量的重要因素，甚至是首要因素。当民航旅客面对着冷眼相待的民航服务人员时，他们会感到不被欢迎、不被尊重，从而也不可能愉快。这种不良情绪会相互感染形成恶性循环，产生不良的心理氛围，这样不但会影响民航服务人员与民航旅客的情绪，甚至会激发矛盾并加剧矛盾。

所以，不良情绪如果得不到有效管理，将会直接影响民航服务的质量。民航服务人员要学会调节自身情绪，改善不良情绪，提高服务质量。

相关链接 ▼

延误的航班

某航班原定于某日下午 4 时 15 分在日本札幌起飞，同日晚上 9 时 45 分抵达我国香港。但受到当地风雪影响，机场跑道一度关闭，航空公司拒绝让 301 名已登机的乘客返回候机室等候，乘客被困在机上。待机场跑道解封，机身又积满了厚雪，机长要关掉引擎和冷气进行融雪，这令起飞时间延误了 5 小时，航班于晚上约 9 时才起飞。

但在航班飞行途中又有意外发生。飞行约 3 小时后，机长向乘客宣布，按航程估计，机组人员工时超出香港民航处规定的工时上限，需要转飞我国台北换班。至次日凌晨 2 时许，航班再从台北机场起飞，最终于凌晨 3 时 50 分才飞抵我国香港，较原定时间延误 6 小时。

有乘客批评，航空公司完全没有交代清楚事件，乘客只能在机上白等，在等候起飞期间，机上也没有开启冷气，机舱内相当闷热。

也有乘客不满空乘服务人员的服务态度，"有人曾向空乘服务人员表示，小朋友因太热而感到不适，机组人员竟说'热就自己下机'，这令机上乘客鼓噪起来"。有乘客又指出，航班在飞抵我国台北前 45 分钟，机长才通知乘客要换班，这种做法令人难以接受。

有消息指出，有关航班在日本等候起飞期间，连接机场的连接桥已关闭，若先让乘客下机等候，之后重新登机可能会再花 1～2 小时，为尽量减少延误时间，航空公司决定原机轮候融雪及起飞。该航空公司发言人称，基于安全考虑，融雪时需要关掉引擎。起飞后，机长评估过机组人员工时可能会超过民航处规定，故中途决定飞往台北换班。

四、民航服务人员常见的几种情绪困扰

积极情绪可以使民航服务人员在工作中事半功倍，而消极情绪则会使民航服务人员在工作中事倍功半。所以，民航服务人员学会调控自己的情绪是非常有用的，也是非常必要的。

由于承担着安全与服务的双重责任，民航服务业已成为职业压力较大的

行业，民航服务人员易出现消极情绪，焦虑、冷漠、抑郁、愤怒、恐惧是他们的情绪问题。

（一）焦虑

焦虑是个体对当前或预感到的挫折产生的一种紧张、忧虑、不安而兼有恐惧性质的消极情绪状态。它包括自信心的丧失、失败感和内疚感的增加等。焦虑是复合型情绪，其核心成分是恐惧。

焦虑是由对危险或威胁的预感所诱发的。个人在遭遇到利害冲突、灾害、灾难、疾病、威胁或竞争时，预感到无力避免、无法应付，就可能会焦虑。

焦虑是民航服务人员常见的情绪，多由工作、生活与人际交往方面所遭受的挫折引发。例如，发生误机、纠纷等事件，作为与旅客直接接触、面对面为旅客服务的民航服务人员（包括空中乘务员和地面服务人员），就处在了风口浪尖上，心理压力特别大，极易焦虑。而过度的或持久的焦虑会损伤民航服务人员的正常心理活动，导致心理疾病的产生，从而严重影响他们正常的生活和工作。

（二）冷漠

冷漠是个体在遭受挫折后，对付焦虑的一种防御手段，也是一种消极的情绪状态。它包括缺乏积极的认知动机、活动意向减退、情感淡漠、情绪低落、意志衰退、思维停滞。冷漠是个体对导致挫折的环境的自我逃避式的退缩心理反应，带有一定的自我保护意识或自我防御性质。当个体在生活或工作中遭受挫折并感到无能为力时，往往表现出不思进取、情绪低落、情感淡漠、沮丧失落、意志消沉等状态。

由于民航旅客身份的复杂性、民航安全要求的特殊性、民航运输的快捷性与不可控性等，民航服务人员不仅要做好细致的服务工作，还要处理各种突发事件。例如，航班延误时，这些人员常常处于各种矛盾的焦点。有的乘务员因制止旅客在飞机上拨打电话而被抱怨；有的安检人员因制止旅客擅闯安全通道而被攻击；有的工作人员因航班延误而遭到旅客辱骂；还有的遭到旅客刁难等。民航服务人员如果长期处于一种压抑、委屈甚至受创伤的状态，得不到及时而有效的疏导和调适，冷漠就会成为他们的"保护色"。对外界的任何刺激他们都无动于衷，无论面对的是什么事情他们都漠然置之。他们与旅客的心理距离越来越远，对自己的评价也会降低。然而，表面上的"冷漠"

掩盖的却是他们内心深处的痛苦、孤寂、无助和强烈的压抑感。

冷漠者初期主要认为生活没有意义，心情平淡，出现抑郁状态，随后发展到有强烈的空虚感，内心体验日益贫乏，不愿进行抉择和竞争，缺乏责任感和成就感，最终严重影响自己的生活与工作。

（三）抑郁

抑郁是一种持续的心境低落的状态，是悲伤、消沉、沮丧、不愉快等综合而成的情绪状态，表现为兴趣淡漠，被动消极，悲观绝望，很难全身心投入现实的生活中。

工作责任重、风险大，家庭发生变故，与同事或好友发生纠纷，升职有压力，受到批评或处分，恋爱不顺利或失恋等重大生活事件，是民航服务人员产生抑郁情绪的主要原因。管制员、民航维修人员因为工作性质，缺乏足够的人际交流，易形成孤僻、封闭的性格；安检、保卫人员有时免不了与旅客发生矛盾，因而会不可避免地被负面情绪所影响。这样，就造成了有些民航工作人员抑郁、苦闷，晚上难以入眠，白天工作时无法集中注意力，长此以往，民航服务人员的身心健康都将受到严重影响。

（四）愤怒

愤怒是由于客观事物与人的主观愿望相违背，或愿望无法实现时产生的一种激烈的情绪反应。愤怒时，可能导致心跳加快、心律失常、血压升高等躯体性反应，同时使人的自制力减弱甚至丧失，思维受阻，行为冲动，可能会做出让人后悔不已的事情或造成不可挽回的损失。

（五）恐惧

恐惧情绪的产生，是受某些特定事物、特殊环境或人际交往等刺激而产生的一种强烈而紧张的内心情绪体验。民航服务人员往往会因异常情况的出现危及飞行安全而产生恐惧情绪。另外，民航旅客将愤怒情绪往民航服务人员身上发泄时，民航服务人员也会产生恐惧情绪。

此外，民航服务人员可能产生的消极情绪还有悲伤、沮丧、自卑等。

五、民航服务人员如何调节自己的情绪

民航服务人员可以通过调动积极情绪来消除消极情绪。生活中很多事情

民航服务人员的
情绪调控

都会带给个体压力，如何有效处理压力，压力对个体产生多大影响，取决于个体看待压力的角度和认知方式。所以，民航服务人员首先要摆正心态，自我调节，平心静气，虚心接受；其次要塑造阳光心态，乐于助人，戒骄戒躁，不计个人得失。生活的质量在于每天的心态。释放负面能量，调动积极情绪，可以达到身心愉悦的状态。因此，认识自己，认清自己，与积极情绪为伍，才能造就积极的人生。民航服务人员要经常通过培训、自我肯定以及对生活积极乐观的态度保持良好的情绪，热爱生活与工作，构建良好的客我关系，转变心态，将负面情绪转化为积极的正能量，促进航空服务事业更好地发展。

情绪的自我调节方法多种多样，但只要民航服务人员把握下列几个要点并掌握相关的方法，就一定能克服不良情绪，使自己快乐起来。

（一）承认压力及不良情绪存在的事实

生活中每个人都会感到压力和不良情绪的存在，这是很正常的，完全没有必要逃避这种事实。要知道，只有面对现实，正视现实，才能超越现实。因此，承认自己的不良情绪存在，找出产生该情绪的原因，然后想办法调整它、克服它，这才是应该有的态度。

（二）认知调整转换法

情绪ABC理论告诉我们，导致消极情绪的不是事实本身，而是我们对事实的看法，改变看法，就可以改变情绪。在为民航旅客服务时，不管面对怎样的旅客、怎样的情况，或者怎样的麻烦，不要"抱怨"。"抱怨"除了破坏心情之外，对事情的解决没有任何帮助。我们可以想一想，这件事带给我们什么样的经验、教训，这样就可以避免在今后的工作中重蹈覆辙，这就是将"问题"转化为"机会"。

（三）学习情绪放松技术

民航服务人员利用放松技术可以使自己从紧张、抑郁、焦虑等不良情绪中解脱出来。我们可以尝试如下两种放松技术。

1.肌肉放松法

找到一个放松的姿势，靠在沙发上（椅子上）或躺在床上，尽量减少其他无关刺激，然后按照手臂—头—躯干—腿的顺序进行放松。

（1）手臂放松

伸出右手，握紧拳，使右前臂紧张；伸出左手，握紧拳，使左前臂紧张；双臂伸直，两手同时紧握，使手和臂部紧张；然后，使肌肉松弛，放松。

（2）头部放松

皱起前额部肌肉，皱起眉头，皱起鼻子和脸颊（可咬紧牙关，使嘴角尽量向两边咧，鼓起两腮）；然后，使肌肉松弛，放松。

（3）躯干放松

耸起双肩，使肩部肌肉紧张；挺起胸部，使胸部肌肉紧张；拱起背部，使背部肌肉紧张；屏住呼吸，使腹部肌肉紧张；然后，使肌肉松弛，放松。

（4）腿部放松

伸出右腿，右脚向前用力，像在蹬一堵墙，使右腿紧张；伸出左腿，左脚向前用力，像在蹬一堵墙，使左腿紧张；然后，使肌肉松弛，放松。

以上四个部位的放松过程均按如下4个步骤进行：集中注意力—使肌肉紧张—保持紧张感—使肌肉松弛。

2. 想象放松法

通过想象放松自己的身心。最好在安静的环境中进行，仰卧在床上或靠在椅子上，找一个舒适的姿势，同时闭上眼睛并缓慢均匀地深呼吸，然后通过指导语（默念或播放录音等）放松自己。

（四）掌握心理平衡术

民航服务人员遇到情绪问题时，可以通过心理平衡术来调整自己的情绪。如下几种自我心理平衡术可用于调节情绪。

1. 自嘲法

当遇到一些尴尬或令人难堪的事情时，若一味埋怨和逃避往往会使自己的心态越来越差。不妨自己调侃一下自己，通过自我贬抑而达到意想不到的效果，从而使自己的心理达到一种高层次的平衡。

2. 遗忘法

现实生活中不少人终日生活在对往事的痛苦回忆中，反复品味旧时受到的挫折，会使自己陷入恶性循环中，使心理越加不平衡。因此必须学会遗忘，这是在摆脱痛苦。这能使身心获得宽慰，从而激发出新的力量，使性情得到磨炼。

3.激励法

要走出每日"消沉—后悔"的心理不平衡怪圈，给自己设立一个值得去追求的目标。例如，踏踏实实做些事情，参加培训使自己的精力集中起来等。有了成功的经验和自信，我们就能再选择更高的目标激励自己。

4.闲聊法

闲聊对心理调适有很大功效。它可以缓解紧张，消除隔膜，表达温情，躲避冲撞，化解怨气，发泄怒火。

5.哭泣法

要放弃"有泪不轻弹"的思想，允许自己随情绪波动而哭泣。哭能使人产生有益的激素，从而使人体反应更加协调。

6.移情法

转移对消极情绪的注意力，它是宣泄、调节情绪的一种有效方式。

（五）寻求社会（团体）的支持与帮助

民航服务人员寻求帮助，既可缓解情绪，又可获得新的看待问题的视角和思路，走出习惯的思维模式，走出困境，找到新的出路。寻求帮助，既可以求助于自己的亲人和朋友，还可以求助于专业心理咨询工作者。

（六）养成乐观的思维方式

快乐一方面取决于客观实际，另一方面则取决于认知、思维方式。如果觉得不幸福，人就会感到不快乐；相反，只要心里想着快乐，绝大部分人都会感到很幸福。很多时候，快乐并不取决于你是谁，你在哪里，你在干什么，而取决于你当时的想法。两个人从同一个窗口往外看，一个人看到的是泥土，另一个人看到的是星星。英国作家莎士比亚（William Shakespeare）说："事情的好坏，多半是出自想法。"古希腊哲学家伊壁鸠鲁（Epicurus）说："人类不是被问题本身所困扰，而是被他们对问题的看法所困扰。"如果掌握了乐观的思维方式，万事万物都能够给我们带来快乐（图5-4）。

图5-4 积极乐观心态

连线职场▼

如何掌控自己的情绪

1. 试着改变对事情的定义。有一句话说得好："我们没有办法阻止事情的发生，但我们可以决定这件事带给我们的意义。"你可以选择是"问题"，亦可选择是"机会"，结果有可能如你所愿。

2. 改变人物画面。有研究发现，人的头脑很难记忆数字、文字，但对画面却是历久弥新、难以忘怀的。你为什么过得不快乐？是因为脑海中有不愉快的画面。改变头脑中的画面，心境也会随之改变。

3. 改变对己问话。不知道你是否有经验：当他人说你好，但你认为自己不好时，结果可能会不好。当他人说你不好，但你认为自己好，结果可能会好。

4. 改变身边的人和物。情绪情感是容易被感染和传播的，要想快乐，请与快乐者为伍。

思考与练习▼

1. 健康情绪的标准有哪些？

2. 健康情绪对民航服务有哪些积极作用？

3. 不良情绪对民航服务有哪些影响？

4. 民航服务人员有哪几种常见的情绪困扰？

5. 民航服务人员如何调控工作中的不良情绪，培养积极情绪？

■评价与反思■

我们深入探讨了人们经历的各种情绪及其对我们的行为和决策的影响。通过学习这一项目，我们对情绪有了更全面和深入的理解，能够识别和理解自己和他人的各种情绪。

我们学习了如何正确识别和表达自己的情绪，这不仅可以帮助我们建立更健康、更和谐的人际关系，还可以促进我们的心理健康。通过认识到情绪的多样性和复杂性，我们可以更好地理解人类的心理行为和情绪反应。

　　我们要深入思考这一项目中介绍的概念，并尝试将其应用于日常生活中。比如，在与人交往时尝试识别对方的情绪，并调整自己的行为来更好地适应和回应对方。

　　在完成本项目的学习后，我们要反思以下几点：

　　（1）如何理解"情绪"的定义及其在我们日常生活中的作用？

　　（2）是否意识到了自己的某些情绪表达习惯？

　　（3）如何在未来更好地管理和表达自己的情绪？

■学习评价单■

项目		分值	学生自评	教师评分
知识掌握	1. 情绪的含义、特征、类型及其对身心的影响； 2. 判断情绪的方法； 3. 情绪的分类与情绪状态； 4. 情绪的基本形式与状态； 5. 情绪调控的方法。	30		
能力运用	1. 能够识别和理解自己和他人的情绪情感，包括情绪面部表情、身体语言等方面； 2. 能够运用情绪调节技巧，如认知重构、放松训练等，改善自己的情绪状态； 3. 能够理解和应对他人的情绪问题，提供支持和帮助。	30		
素质提升	1. 尊重自己和他人的情绪情感，不歧视他人或对他人有偏见； 2. 在工作和实践中，保持科学、客观、严谨的态度，不夸大或歪曲情绪情感的作用； 3. 关注个体的心理健康和幸福感，不将情绪情感作为唯一的解释工具。	30		
总结	请简要总结学习本项目的心得体会，包括学习成果、存在的问题和改进措施等。	10		

项目六　明确民航服务的态度要求

■ 项目导入 ■

　　大家好！欢迎来到这次旅程中的另一个重要站点——民航服务的态度要求。你们有没有想过，每一个人的态度是如何塑造我们对事物的认知和体验的呢？在这一项目中，我们将一探究竟。首先，我们将深入了解态度，探索它的特征、形成过程，以及能够影响它变化的各种因素。想象一下，我们的心态像可塑的黏土一样，被我们用意识形态和情绪塑造成美的艺术品。而在民航服务领域，如何改变旅客的态度呢？在这里，我们将深挖服务态度的秘密，并一起探索如何通过细心、耐心和热心来提高旅客的满意度，让每一次飞行都成为一段美好的记忆。其次，我们将深化到对民航服务人员自身的态度要求。我们将理解为什么我们需要树立正确的服务意识，以及如何保持良好的服务态度。是的，态度可以决定一切，它可以是你成功的关键，也可以是你影响别人的工具。

　　我们一起进入这一项目的奇妙之旅，携手探索如何通过塑造正确的态度，来创造一个更加美好、和谐的民航服务环境。准备好了吗？我们开始吧！

■ 心理沙龙 ■

　　活动名称："态度拼图"游戏

　　活动目标：

　　1. 认识到态度的多元性；

　　2. 增强分析和解决问题的能力；

　　3. 培养团队协作的精神。

　　活动简介：

　　"态度拼图"游戏是一个旨在通过团队合作来识别和理解不同态度的小组活动。该活动将帮助学生深入了解态度的三个组成部分：认知、情感和行为，从而使学生更好地理解人们的态度是如何形成和表现的。

　　活动步骤：

　　1. 将学生分成若干小组，每组 4～5 人。

2.为每个小组提供一套"态度拼图"卡片，这些卡片上描述了不同的认知、情感和行为组成部分。

3.小组的任务是从卡片中选择并匹配合适的认知、情感和行为组件，来构建一个完整的"态度"。

4.设置时间限制（如15分钟），在这段时间内每个小组需要构建出 3～5 种不同的"态度"。

5.时间结束后，每个小组向班级展示他们构建的"态度"，解释为什么他们选择这些特定的组件来构建"态度"。

6.其他小组可以提问或评论，从而使活动成为一个开放的讨论和学习的活动。

活动材料：

"态度拼图"卡片，计时器。

活动结论：

通过"态度拼图"游戏，学生不仅可以更好地理解态度的构成和多样性，还可以通过团队合作和讨论来发展他们的批判性思维和沟通技巧。这种体验式学习方法将使他们更容易记住和理解态度的相关心理知识。

情境再现 ▶▶ 与生命"赛跑"

2021 年 4 月 30 日深夜，和田机场最后一趟飞往乌鲁木齐的 CZ6820 航班按计划已出廊桥，准备滑行起飞。就在这时，机场服务处接到了 3 位旅客的求助，原来，其中一名 7 岁的旅客因手臂被拖拉机绞断，需紧急前往乌鲁木齐进行接臂手术。当地医生告知，手术需要在 6 小时之内完成，否则细胞坏死后将无法治疗。

23 时 42 分，这班飞机为救断臂男孩驶回。5 月 1 日 2 时 10 分，男孩抵达医院。主刀医生和 4 名同事早已等候多时。医生给男孩进行断臂清创，做术前检查，凌晨 3 时手术开始。3.5 小时后接臂手术完成。手术完成后，男孩病情稳定，断臂通血正常。

南航发文感谢全体旅客，是他们的理解和配合，使男孩的接臂手术顺利完成。

任务一
理解态度

任务单▼

名称	内容	备注
任务目标	了解态度的含义和特征，掌握态度改变的因素； 能够识别和分析自己及他人的态度，包括对特定的人或事物的看法、评价和倾向性。 提升服务敏感度，提升旅客满意度，提升敏锐的观察能力。	
任务要点	态度的特征。	
任务实施	学习前查阅相关知识点； 学习中积极参加课堂互动； 学习后巩固所学知识点，完成课后任务。	
任务运用	态度的基本概念及其在民航服务中的实际应用。我们明确了态度不仅能影响个体的决策和行为，而且具有持久性和可塑性。在民航服务中，服务人员的态度体现在专业性、热情、耐心和应变能力上。我们还学习了在实际工作中应运用正确的态度来提升服务质量和乘客满意度，包括展现尊重和友善，保持积极主动的工作状态，注意服务细节，并在压力下保持冷静。这些知识将对我们在民航服务岗位上的表现有极大帮助。	
任务反思	通过学习态度的概念和特征，我们深刻理解了其在民航服务中的重要性。尤其是热情和耐心，不仅可以提高服务质量，还能为乘客创造温馨的旅行体验。未来我们要更加注意保持良好的服务态度，提高职业素养。	

知识探究▼

一、什么是态度

态度是指一个人对某一特定对象做出反应时所持的评价，是较稳定的内部心理倾向。它是一个人对事物与自己有多大利害关系的一种价值判断或情绪体验。态度具有一定的稳定性和持续性，一旦形成就不会轻易改变。态度对人们的心理和行为有着多方面的影响。例如，态度决定着一个人对外界影响的判断和选择，影响着人的忍耐力、学习效果、工作效率等。

态度

二、态度的特征

态度有其特征，主要体现在如下五个方面。

（一）社会性

态度是个体在社会化过程中，在学习、工作、生活中逐渐形成的一种意识倾向。它受环境影响，同时又影响环境，并在这个过程中得到丰富和改进。所以，每个人的态度都具有社会性，都具有一定的道德评价意义。

（二）稳定性

态度是在长时间的社会生活实践中形成的，并与人的理想、信念、世界观、价值观和人生观等有着紧密联系，所以态度一旦形成，就比较稳定持久，并在行为反应上表现出一定的稳定性。

（三）对象性

态度总是有对象的，总是指向某一事物。这里的事物可以是具体的人、组织、团体、物体，也可以是一种现象、状态、思想和观念。总之，没有对象的态度是不存在的。

（四）价值性

态度的形成要受各种影响，其中最具影响力的是人的价值观。所谓价值观，是指人们对事物的主观评价。人们对事物持怎样的态度往往取决于该事物具有的价值大小。

价值包括道德价值、社会价值等。价值观不同的人，对同一事物的态度也不相同。

（五）内隐性

态度是一种心理结构，是人的心理活动的反映，虽然有一定的行为倾向，但不是外在行为，别人无法直接观察，只能通过言语、行为、表情等进行间接的观察、分析和判断。例如，某民航服务人员热爱工作，我们不可能直接观察到其心理活动，只能从他一贯兢兢业业、踏踏实实的态度方面观察、推测出来。

三、态度的形成

态度不是与生俱来的，它是个体在长期的生活中、在与他人的相互作用和接受环境的影响中逐步形成的。初生的婴儿，对外界事物不存在任何态度。随着个人意识的出现、生活经验的积累，个体对外界事物才会有自己的态度。

态度形成后，又反过来对外界事物产生影响，并使个体不断修正自身，如此循环往复，个人的态度体系便逐步完善起来。父母在塑造孩子的态度方面的确很重要，但是我们也不应过分强调他们的影响。随着孩子年龄的增长，父母的影响也开始减弱，教育、环境等因素对个体的态度形成起到了重要作用。在青春期和青春后期，各种新影响进入每个人的生活。其中最重要的有三方面，它们来自大众媒介、同伴及组织。所谓组织是指学校、社会机构和工作单位等。

四、影响态度改变的因素

态度是后天形成的，因而是可以改变的。随着客观环境不断变化，作为行为引导系统的态度也会发生相应的变化。态度改变的本质是个人继续社会化。一个犯错的人会痛改前非，重新做人；分离的夫妻，可能会破镜重圆。当然，要改变态度是不容易的。因为态度不但是人们对某事物的心理倾向，还往往成为个体人格的一部分，成为一种习惯性的行为方式。所以，态度的改变不像一般认识的改变那样简单。改变认识，有时只需要改变一个人态度中的思想和信念的成分，并不涉及情感与行为倾向。影响态度改变的因素主要有以下几方面。

（一）时间性

幼儿时期通过模仿学习并已定型的态度不容易改变。换句话说，已经定型的态度，形成的时间越长越不容易改变。

（二）极端性

态度越极端，其改变的可能性就越小；态度所依赖的事实越多、越繁杂，就越不容易改变；对于某事物对象前后一贯的态度，已经成为习惯，不容易改变；一个人态度中包含三种成分，即思想、情感和行为倾向，三者越协调，越不容易改变。

（三）个人价值中心

个体的种种态度常常反映出他的价值观。凡是与个人基本价值观密切相关的态度，一般不容易改变。

（四）个体自我防御机制

自我防御机制越强烈的人，越会尽力保护自己已有的态度以增强自尊，因而很难改变其态度。

（五）性格特征

一个人如果缺乏判断能力，依赖性强，就容易信任权威，改变自己原有的态度。反之，固执、独立、坚定的人往往不容易改变原有的态度。

（六）学识能力

学识能力高的人，容易理解各种赞成或反对的论点，进而根据自己的认知改变自己的态度，这是主动改变。反之，学识能力低的人，容易被说服、被暗示，只能被动地改变态度。

思考与练习▼

1. 态度的特征有哪些？
2. 态度改变的因素有哪些？

任务二
塑造积极的服务态度

任务单▼

名称	内容	备注
任务目标	民航服务态度的含义及特征； 掌握提高民航旅客满意度的方法； 能够识别和分析民航旅客的态度，包括对民航服务的看法、评价和倾向性； 提高服务水平，提升旅客满意度，提高解决问题的能力。	

续表

名称	内容	备注
任务要点	民航服务的态度。	
任务实施	学习前查阅相关知识点； 学习中积极参加课堂互动； 学习后巩固所学知识点，完成课后任务。	
任务运用	在民航服务中，员工的态度是至关重要的。服务人员应展现出专业、热情、耐心和有应变能力的态度，这不仅能确保高质量的服务，还能在紧急或突发情况下保持冷静。民航服务态度的重点包括尊重与友善，积极主动的服务态度，以及细心周到的服务态度。	
任务反思	明白民航服务中态度的重要性。正确的态度不仅能提升服务质量，还能极大提升旅客的满意度。今后在实际工作中，我们要积极运用所学知识，努力成为有责任心、专业、热情和有耐心的民航服务人员。	

知识探究▼

民航旅客的态度，是指旅客对民航及其服务人员所持的评价以及心理倾向，反映了旅客对民航及其服务人员提供的服务的满意度。它源于旅客在消费过程中所产生的感受与期望值的对比。个别旅客的感觉和评价对航空公司或民航服务人员的影响不大，但所有旅客对航空公司、民航服务人员的总体态度，就决定了航空公司的生存与发展。因此，努力提高旅客的满意度是改变民航旅客态度的关键，具有至关重要的作用。

民航服务态度

一、民航服务态度

民航服务态度是指民航服务人员对旅客及民航服务工作的认知、情感与行为倾向。它是民航服务质量的一项重要内容。在民航服务过程中，民航服务人员必须充分尊重旅客，用自己真诚的微笑和热忱的态度让旅客满意，给旅客留下美好而深刻的印象。

二、提高民航旅客满意度的必要性

在竞争日益激烈的民航市场，提高民航旅客满意度，对航空公司具有重要意义。

（一）旅客满意既是航空公司的出发点又是落脚点

任何一家航空公司在为旅客提供服务时，其目的都在于得到旅客的认可。这就要求航空公司提前了解旅客需要怎样的服务，对服务有什么样的要求。航空公司只有把握了这个切入点，才能提供让旅客真正满意的服务，旅客和公司才能实现"双赢"。

（二）旅客满意使航空公司获得更强的长期赢利能力

在采取各种措施使旅客满意的同时，航空公司也获得了许多具有竞争力的、使企业长期赢利的优势。

1. 减少航空公司资源的浪费

在保证旅客满意度的过程中，航空公司会越来越了解旅客，能做出越来越精准的预测。这样，航空公司就不必花更多的时间和精力去做市场调查与研究，在很大程度上减少了资源的浪费，压缩了成本。

2. 价格优势

对民航服务满意的旅客往往愿意额外支付费用。当然，旅客的额外支付不是无限度的，支付多少取决于服务满意度之外的一些因素，如全面的竞争环境、旅客的价格敏感度、购买类型和民航公司在行业中的地位等。

3. 更高的旅客"回头率"

对服务满意的民航旅客比不满意的民航旅客对航空公司有更高的品牌忠诚度，更可能再次接受该公司的服务，这将使航空公司获得更多的收入和更高的知名度，最终获得更多的利润。

4. 降低宣传成本

对服务满意的民航旅客乐于将自己的感受告诉别人，如自己的朋友、亲戚，甚至其他陌生人。这种口头宣传的方式，比其他的宣传方式更加有效，并且不需要额外成本。

（三）旅客满意使航空公司在竞争中得到更好的保护

对服务满意的民航旅客不但会忠诚，而且还能长期保持这种忠诚度，即使在航空公司出现困难的时候，这些旅客也会在一定范围内对航空公司保持忠诚，这样最大限度地降低了航空公司的不良影响，给航空公司解决困难提供了宝贵的机会。但是，当价格相差很大时，旅客也很难永远对高价航空公司保持忠诚。

（四）旅客满意使航空公司足以应付旅客需求的变化

民航旅客的需求随着时代的发展不断变化，如何抓住这一变化去满足不断产生的新需求，是许多航空公司在发展中遇到的新问题。以令旅客满意为目的的航空公司，由于平时所做的工作能够预测旅客需求的变化，而且一直对服务满意的旅客一般也会给航空公司改变做法留出时间。因此，持续提高旅客满意度已经成为航空公司取得成功的关键因素。

连线职场▼

什么是旅客满意度

旅客满意度是国际上权威的机场服务质量评价体系，又称顾客满意度测评，是由国际航空运输协会下设的航空信息与研究中心组织进行的一个长期性的全球机场监测项目。

其运作方式是：参加机场按照统一的规则，在一定时间内发放内容相同的调查表，国际航空运输协会经过统计、分析后，对每个调查项目进行排名，由此，各机场可以看到自己在全球机场中的排名。

调查内容包括三个方面：一是旅客航空旅行的基本情况；二是旅客对机场服务的评价，包括标识易见度、工作人员服务态度、飞往不同地区的航班频率、餐饮条件、航站楼清洁状况等项目；三是旅客对航空公司的评价，包括办理登机手续的等待时间、值机人员的工作效率、候机室环境等地面服务项目。

思考与练习▼

如何提高民航旅客的满意度？

任务三
明确民航服务人员的态度要求

任务单▼

名称	内容	备注
任务目标	掌握民航服务态度的基本要求； 具有良好的民航服务态度意识和服务行为； 能够运用有关态度的知识解决实际问题，例如在工作中通过改变对任务的态度来增强工作动力和提高绩效； 提高对旅客心理的敏感度和关注度。	
任务要点	良好的服务态度要点。	
任务实施	学习前查阅相关知识点； 学习中积极参加课堂互动； 学习后巩固所学知识点，完成课后任务。	
任务运用	在民航服务行业中，保持正确的服务态度是极其重要的。服务人员需要树立正确的服务意识，包括：有专业的态度、热情服务、有耐心、理解他人、积极应变等。	
任务反思	我们更加明确了民航服务人员需要具备的核心态度要素。正确认识到服务他人不仅是一份工作，而且是一种责任和使命。未来，我们要努力内化这些理念，不断提升服务水准，为旅客带来更美好的旅行体验。	

知识探究▼

一个合格的民航服务人员应该具备良好的综合素质，即要有正确的服务意识、过硬的服务能力和良好的服务态度。在具体的服务工作中，民航服务人员不仅要做到"眼到""手到""程序到"，还应该做到"心到""情到""神到"，用温暖和真情使旅客满意在旅途、温馨在客舱、开心在眉头、舒适在心头。对旅客的服务要更多地出于亲切而又自然的"真心""真诚""真情"的流露，这是对民航服务人员的态度要求。

一、树立正确的服务意识

民航这样的服务类企业，必须把树立正确的服务意识作为对民航服务人员的基本素质要求加以重视。每一名民航服务人员应主动树立正确的服务意识。如果把服务意识比喻为飞机的发动机，那么服务技能和服务技巧就是飞机的"两翼"。服务意识是服务技能和服务技巧的基础，民航服务人员拥有"服务意识＋服务技能＋服务技巧"，才能提供真正意义上的优质服务。

（一）正确理解服务意识

民航服务意识是指全体民航服务人员在与一切和民航企业利益相关的人或企业交往的过程中所体现的热情周到、主动服务的欲望和意识，即主动自觉做好服务工作的一种观念和愿望。

民航服务意识的内涵主要包括三点：服务意识发自服务人员的内心；服务意识是服务人员的一种本能和习惯；服务意识可以通过培养、教育和训练来形成。

（二）树立正确的服务意识的途径

积极、主动、用心地为民航旅客服务，为自己的未来服务，这是民航服务人员必须倡导的服务意识准则。这一准则要求：只要旅客的要求不违反法律、不违背社会公共道德、不涉及飞行安全，都必须服从。服务人员应该具有强烈的换位意识，站在旅客的位置上，想旅客之所想，急旅客之所急，时时处处为旅客提供尽善尽美的服务。

1. 正确的角色定位

所谓角色，是指不同的人在某个特定场合中的身份。角色定位，主要是要求服务人员在为旅客提供服务之前，必须明确在当时的特定情况下，双方各自所扮演的角色。在服务过程中，民航服务人员对自己与旅客的角色定位并不是一成不变的，随着双方不断深入接触和服务工作的不断展开，双方角色应不断地有所变化、有所调整。例如，他们在家里是儿女或父母角色，与朋友一起是朋友角色，去饭店吃饭是顾客角色。根据不同的社会和家庭环境，他们还有家长角色、妻子（或丈夫）角色、领导角色等。但不管工作之外是什么角色，一工作他们就统一成了为他人服务的角色，这就是角色转换。万变不离其宗，民航服务工作中的服务角色定位是不会变的。

为了提高服务水平，民航服务人员应努力提高自己的角色认知能力和角色转换能力。只有明确了双方各自所扮演的角色，民航服务人员为旅客所提供的服务才能到位和符合要求。

民航服务人员应如何正确理解平等

1. 对所有的旅客一视同仁、同等对待。

2. 所有旅客购票、订座、乘机机会均等。

3. 要尽可能满足所有旅客最基本的需要。

4. 旅客支付费用，享受服务；民航服务人员付出服务，争取自己的工资收入。

2. 明确自身角色，不多计较

有民航服务人员抱怨"凭什么要我受旅客的气呢"，这些抱怨者的错误就在于没有明确自己的角色。事实上，民航服务人员要明白，他们在民航服务过程中与旅客是不平等的，这样的不平等被称为"合理的"不平等。如果民航服务人员以人与人之间应是平等的观念来处理客我关系，认为"人与人要相互尊重，旅客不礼貌，先不尊重我，我为什么要为他好好服务"，最终就会从对角色的错误认知走入服务误区。民航服务人员作为服务角色，不能去计较"平等"，只要旅客不违反乘机规定和社会法规，不违背社会道德，就不能同旅客针锋相对，争谁对谁错。"得理让人"的涵养和气度，正是当前有些民航服务人员缺乏而又急需提高的职业素养。

3. 正确的服从理念

"旅客永远是对的"，这句话是对民航服务人员应该如何为旅客服务提出的一种要求，而并不是对客观事实做出的判断。意思就是要把"对"让给旅客，把"面子"留给旅客，有了"面子"的旅客会回报民航企业更大的"面子"——民航企业服务形象的提升、利润的提高。

"旅客永远是对的"的具体体现

1. 充分理解旅客的需要，尽最大可能满足旅客的正当要求。

2. 要充分理解旅客的想法和心态，努力以更优的服务感化旅客。

3. 要充分理解旅客的误会，耐心向旅客做出真诚的解释，并力求给旅客以满意的答复。

4. 要充分理解旅客的过错，秉承"旅客永远是对的"的原则，把"对"让给旅客，给足旅客"面子"。

4.正确的服务行为

民航服务提倡没有任何借口的服务。任何借口都是推卸责任，在责任和借口之间，选择责任还是选择借口，体现了一个人的工作态度和服务意识。在民航服务的某些方面也会有这样的情况出现：民航服务人员找借口来掩盖自己的过失，推卸本应承担的责任。这样的局面让旅客对民航服务人员很不满意，这也是许多矛盾冲突产生的根源。

正确的民航服务意识，强烈的服从观念，就是要求民航服务人员把服务当成"心爱"的事业，把旅客当成"心爱"的人，细心、精心、留心，为旅客提供体贴入微、舒心满意的服务；投入真情，提供可以赢得旅客忠诚于民航企业的民航服务，这有利于民航企业塑造良好的形象，实现价值双赢（图6-1）。

图6-1　服务意识

二、保持良好的服务态度

（一）主动

主动是一个人自身的主观能动作用。民航服务人员应该以主人翁的态度，主动做好本职工作，全心全意为民航旅客服务。主动，才能心中有数，应对自如，达到旅客满意的预期效果。为此，民航服务人员要做到以下几点。

第一，上班前做好各项准备工作，将当天的工作计划做好，按轻重缓急妥善安排。

第二，头脑冷静，处事沉着，行动敏捷，做到"眼勤、口勤、手勤、脚勤"，满足旅客的各种正当要求。

第三，开动脑筋，善于发现和及时解决问题，发现旅客的困难或要求，不管分内分外，尽可能主动帮助解决。

第四，虚心征求旅客意见，不断总结经验，研究改进服务工作的方法，提高工作效率，提高服务质量。

（二）热情

热情指对待服务工作和旅客的感情真挚。服务人员要像对待家人一样热

图 6-2　热情服务

情对待旅客，以诚恳和蔼的态度，亲切体贴的言语做好服务工作（图6-2）。态度冷漠、言语生硬、工作马虎、举止粗鲁，必然会引起旅客的反感和不满。这不仅是个人未尽职尽责的问题，还会影响企业甚至国家的声誉和形象。为此，民航服务人员应做到以下几点。

第一，保持仪容整洁，端庄大方，态度诚恳、和蔼，给旅客留下良好的第一印象。

第二，礼貌待人，在与旅客接触时精神饱满，仪态自然，话语诚恳，言辞简洁而清晰。

第三，全面照顾，一视同仁，热情待客。对生客和熟客、自己的亲友，应一律同样对待，不要厚此薄彼、以貌取人。对老弱病残孕旅客，应尽可能给予特别的关怀和照顾，对傲慢的旅客给予谅解，仍然热情接待。

（三）耐心

耐心是不急不躁，不厌烦，能忍耐。民航服务人员要有较高的品德修养，善于控制自己的情绪，约束自己的言行，不意气用事，不粗暴无礼。为此，民航服务人员应做到以下几点。

第一，在工作实践中不断锻炼自己，提高自身的品德修养，经常保持平和的心态，特别注意在工作繁忙时更要沉着，防止出现急躁情绪。

第二，要杜绝不耐烦和傲慢的行为表现，对待挑剔的旅客也不能板起面孔、表现冷漠。

第三，发生误会和争执时，要平心静气、冷静理智地解释，妥善、合理地解决矛盾。遇到旅客态度粗暴、语言生硬或违反制度等情况时，仍应以礼相待，以理劝告、制止，切不可用粗暴言行相待。

（四）周到

周到就是把民航服务工作做得细致入微，面面俱到，也就是把整个服务工作做得周全、彻底。为此，民航服务人员应做到以下几点。

第一，态度诚恳，处处替旅客着想，了解旅客的需要，揣摩旅客的心理，工作认真，办事周详，使旅客感到方便。

第二，对旅客提出的问题，要尽可能详细解答，如果自己不懂，应立即转问他人，不能随意应付。

　　第三，熟悉民航行业和本公司内部的各种规章制度和有关业务知识，以便更好地为旅客服务。

连线职场▼

服务中禁用的五种态度

1. 傲慢的态度。这会伤害旅客的自尊心。
2. 慌乱的态度。这会让旅客产生对民航服务人员的不信任感。
3. 卑屈的态度。这样容易让旅客低估民航服务人员的工作能力。
4. 冷淡的态度。这会使旅客感到民航服务人员没有亲切感。
5. 随便的态度。这会让旅客因民航服务人员的随便的态度而对民航服务人员不尊重。

相关链接▼

民航服务人员的职业素质要求

　　随着民航企业的发展，航空服务市场中的竞争越来越激烈，任何一家民航企业想要占有一定的市场份额，都需要在民航服务人员职业素质提升方面投入大量的精力。由于我国民航企业起步较晚，现阶段民航企业发展速度较快，对民航服务工作人员的需求量不断增加，因此，有些民航服务人员在正式进入工作岗位之前并没有接受系统的职业素质培训。在服务过程中，一旦出现突发事故，职业素质不足的民航服务人员可能难以应对复杂的情况，想要提高民航服务人员的职业素质，需要从培养民航服务人员职业素质着手。

　　各航空公司考查应试者的过程直接反映了航空公司对于民航服务人员的要求（图6-3）。首先，飞机客舱服务是民航运输服务的重要组成部分，直接反映了航空公司的服务质量。在激烈的航空市场竞争中，直接为旅客服务的空乘人员的形象和工作态度，对航空公司占领市场、赢得更多的回头客起着至关重要的作用。其次，民航地勤服务工作人员的仪表仪容、服务意识和职业道德基础、服务语言应用能力、应变能力、自我控制能力、群体合作能力、社会交际能力等也体现了企业服务质量，展示了企业形象。对于专业的民航服务人员的职业素质的要求主要包含以下几方面。

图6-3　面试现场

（1）热爱自己的本职工作。

（2）有较强的服务理念和服务意识。

（3）有吃苦耐劳的精神。

（4）能刻苦学习业务知识。

（5）有较强的沟通能力。

思考与练习▼

1. 如何正确树立服务意识？

2. 如何保持良好的服务态度？

3. 案例分析。

王先生购买了某航空公司从无锡到北京的机票，到达登机口后才被告知天气不好导致了航班延误，飞机还没有从北京起飞，何时起飞无法确定，不愿意等可以退票。王先生随即取出行李，立即打出租车到无锡火车站。无奈当日去北京的车票已经售完，他只能改为第二天的行程。王先生投诉机场明知飞机不能按时起飞，仍然照常办理安检等手续，让旅客失去了第一时间更换交通工具的时机，侵害了消费者的知情权。

在这则案例中，你觉得民航服务人员哪里做得不对？请简要分析一下。

■评价与反思■

在这一项目中，我们深入探索了态度的形成、态度对行为的影响以及如何能够改变一个人的态度。我们理解了态度是由认知、情感和行为三个方面构成的，而且这三个方面相互影响，形成一个动态的系统。

在学习这一项目的过程中，我们已经认识到自身的一些态度是如何形成的，并且开始思考这些态度如何影响我们的行为和决策。通过这一项目的学习，我们应该能够更加清晰地识别出我们自身的某些态度，并理解这些态度是如何影响我们的行为的。

我们不仅要从理论上理解这些概念，而且在日常生活中观察和应用这些知识。尝试识别周围人的态度，并注意这些态度是如何影响他们的行为的。

这一项目还提供了一些策略和技巧，可以帮助我们在必要时改变自己或他人的态度。在现实生活中尝试使用这些策略，可以帮助我们更好地理解和掌握这些理论知识。

最后，我们可以深入反思以下问题：

（1）自身的哪些态度受到了这一项目的启发或挑战？

（2）如何更有意识地形成和改变自己的态度？

（3）学到了哪些可以用来理解和影响他人态度的知识？

我们应将所学应用到实际生活中，从而成为更有洞察力和影响力的个体。

■ 学习评价单 ■

项目		分值	学生自评	教师评分
知识掌握	1. 态度的含义和特征； 2. 态度改变的因素； 3. 民航服务态度的含义及特征； 4. 提高民航旅客满意度的方法； 5. 民航服务态度的基本要求； 6. 良好的民航服务态度意识和服务行为。	30		
能力运用	1. 能够识别和分析自己及他人的态度，包括对特定人或事物的看法、评价和倾向性； 2. 能够识别和分析民航旅客的态度，包括他们对服务的看法、评价和倾向性； 3. 能够运用态度的相关知识解决实际问题，如在工作中通过改变对任务的态度来提高工作动力和绩效。	30		
素质提升	1. 培养对旅客心理敏感度的关注； 2. 提高服务水平，提升旅客满意度； 3. 提高解决问题的能力。	30		
总结	请简要总结学习本项目的心得体会，包括学习成果、存在的问题和改进措施等。	10		

- 提升人际交往技巧
- 优化沟通策略

■ 模块三

贴心服务，温暖旅客

项目七 提升人际交往技巧

■项目导入■

在繁忙的机场和高空中，每一次微笑、每一次服务，背后都离不开人际交往能力。你是否曾经想过，民航服务人员面对各种不同的旅客，是如何始终保持风度和热情的？又或者，当面对意外的情况时，机场人员如何迅速、高效地与各方沟通，以确保一切顺利？人际关系与交往在民航服务中占据了不可或缺的地位。无论是与旅客的沟通，还是与同事、其他部门的合作，良好的人际交往能力是每一位民航从业者所必备的基本素质。但这背后的心理学原理却鲜为人知。

本项目将为你揭示人际关系背后的深层机制，以及如何运用心理学原理，提高自己在民航服务中的人际交往能力。从理论到实践，我们将引导你走进这一奇妙且实用的领域。不管你是已经在民航企业工作的老手，还是刚入行的新手，相信这一项目会给你带来全新的启示。让我们一起探索民航服务心理学背后的那些故事，体验人际交往的魅力吧！

■心理沙龙■

活动名称：人际关系网

活动目的：

1. 探索人际关系的动态和复杂性；

2. 提高团队合作和沟通技能。

活动简介：

"人际关系网"是一个旨在帮助学生更好地理解和探索人际关系的活动。通过这个活动，学生将能够体验到在一个互动性强、有趣而富有挑战性的环境中建立和维护人际关系的经历。

活动步骤：

1. 将学生分成几个小组，每个小组 5～6 人。

2. 分发给每个小组一些彩色的线条或绳子。

3. 任务是使用这些线条或绳子创建一个"人际关系网"。每个学生都将代表网络中的一个节点，而线条则代表他们之间的关系。

4. 学生需要用线条连接彼此，同时分享他们与被连接的个体之间的某种关系或联系。例如："我们都喜欢吃巧克力"或"我们都爱跑步"。

5. 在活动进行的过程中，线条将变得越来越多，形成一个复杂的"网"。

6. 在活动结束后，每个小组都可以分享他们的"人际关系网"并解释每段线条的含义。

活动材料：

彩色线条或绳子，剪刀。

活动结论：

通过"人际关系网"活动，学生将能够体验到人际关系的动态和复杂性，以及个体之间如何通过共同点和相互关系来连接。该活动不仅有助于团队建设，还能提高学生的沟通能力和社交技能。这是一个增进友谊的美妙方式，同时也让学生了解到人际关系网的重要性和复杂性。

情境再现 ▶▶ **通宵达旦保证温馨服务，忍辱负重保障飞行安全**

北京有雷雨，飞机备降，民航管制，排队等待……傍晚开始，从上海虹桥机场飞往北京的航班大部分都处于滞留状态，漫长的等待对旅客、飞行员、乘务员、地面服务人员都是一次挑战、一场考验。MU5127 乘务组亦处于等待之中……

MU5127 乘务组刚刚从北京飞回虹桥机场，他们于当日下午执行了一趟上海—北京的飞行任务，整个航段还算顺利。但是从北京返程的时候，他们得知首都机场即将被雷雨覆盖的消息，他们意识到接下来的航班要延误。

果然，当 299 名旅客全部登机后，客舱经理得到了飞机延误的消息：由于首都机场遭遇暴雨，航路天气恶劣，不适航。MU5127 只能在虹桥机场等待离港消息。在这样的夏季雷雨天气，应对航班延误，显然是一件很头疼的事，但是出于职业操守，乘务组必须坚守岗位，主动出面应对旅客的各种情绪。广播通知延误信息，轮流巡视客舱，与旅客进行个别交流，及时提供饮料，排解旅客困扰……从下午 1 点到晚上 9 点，已经工作了 8 小时的乘务员显然有些体力不支，但是 12 名乘务员仍旧个个面露微笑、耐心细致地为旅客服务。

MU5127航班仍在虹桥机场滞留。这个航段本来的餐饮是三明治和饮料，在延误的时间里，乘务组已经完成了应有的服务流程，但此刻航班依旧延误。考虑到等待的时间未知，许多旅客仅靠一个三明治根本吃不饱，客舱经理决定加配正餐。食品公司立即给予响应，很快送来了餐食。热腾腾的餐食不仅填饱了旅客们的肚子，也温暖了大家的心。

随着延误时间的继续延长，客舱内的不安情绪开始蔓延。部分旅客不愿再继续等待，选择下机。客舱经理在征求了机长的同意后，立即协助旅客下机。地面商务很快来到飞机上，配合旅客办理离机手续，区域乘务员和安全员一同完成清舱工作，以确保空防安全。在延误的过程中，共有四批旅客先后提出终止旅行的要求，机组、乘务组、安全员、地面商务通力配合，满足旅客的需要。

午夜时分，有部分旅客难以压抑心中的苦闷，几次三番冲到服务舱与乘务员"理论"，说北京的雨已经停了，为什么飞机还迟迟不起飞，广播中说到的民航管制都是说辞。有的旅客甚至还想擅自打开舱门，还有的旅客想要冲进驾驶舱。乘务员立即上前制止，拉着旅客走进服务舱，送上一杯水，说道："这位先生，请您消消火，我非常理解您的心情，我也很想让您尽快出行，但由于之前的雷雨，许多飞机都滞留在虹桥机场，并且还有许多飞机备降到北京周边的机场，大家都在排队飞往北京，但机场的起降时间是有严格要求的，我们必须听从塔台的指挥……"在旅客不理解、责骂时，乘务员始终陪伴在旅客身旁，不停地向大家解释延误的原因，把从驾驶舱中获得的信息用最通俗的语言告诉旅客，希望旅客能够理解。听说有旅客的手机没电了，一名乘务员立即拿出自己的手机让旅客拨打电话。其余的乘务员也分工合作，有的为旅客提供饮料，有的专门解决旅客的疑问或苦闷情绪。虽然夜已深，但客舱里灯火通明，无人入眠。

过了许久，从驾驶舱传来了好消息，MU5127航班将于凌晨2：40起飞。各个区域的乘务员立即将这个好消息告诉了旅客。经历了11小时40分钟的漫长等待，飞机终于腾空而起，客舱陷入平静。静谧的客舱里，许多旅客已经进入梦乡，只有乘务员轻轻地来回巡视，为穿着单薄的旅客盖上毛毯，把小桌板上空置的杯子收走……坐在头等舱的一名旅客向客舱经理要来信纸，写了一封长达4页的感谢信。他把自己亲历的和亲眼所见的写入信中，赞扬乘务组人员有出色的亲和力、周全的工作技巧，化解了一次又一次可能发生的危机和冲突。他从一个亲历者的角度，写出了乘务组对每一位旅客的真心付出和面对"麻烦"旅客时的耐心和细心。他提到在飞机上近8小时的时间里，乘务组不埋怨客观原因、不推卸工作职责、不降低服务热情，最终换来了旅客的理解。

民航服务工作是与人打交道的工作。要做好服务工作，就必须研究与人打交道的学问，研究民航旅客心理。民航服务中的客我交往是人际交往中一种特殊的交往。了解客我交往的特性、主客双方的心理特征，掌握客我交往的技能、技巧，才能确保旅客获得满意的服务。本案例中的民航服务人员就是在航班延误，旅客情绪不安、躁动的情况下，展现出了高超的客我交往技巧，处理好了与民航旅客的关系。

任务一
构建和谐的人际关系

任务单▼

名称	内容	备注
任务目标	掌握人际关系的基本定义； 了解人际关系发展的基本过程和自我暴露的定义； 能够在了解人际关系定义及人际交往技巧之后，对自己在人际交往中的行为进行调整，在工作中为旅客提供更好的服务； 提升自己在人际交往过程中的正向交往的能力； 提升自己的人际吸引力，与他人建立良好的人际关系。	
任务要点	人际关系的概述； 影响人际关系的因素； 人际交往的原则； 影响人际吸引的因素。	
任务实施	学习前查阅相关知识点； 学习中积极参加课堂互动； 学习后巩固所学知识点，完成课后任务。	
任务运用	建立信任关系； 有效沟通； 提升个人魅力； 培训与教育。	
任务反思	民航服务不仅是流程化的服务，还涉及人与人之间的互动和联系；在与旅客的互动中，如何建立和维护良好的人际关系是至关重要的。	

知识探究 ▼

一、人际关系的概述

人际关系是指人与人之间通过直接交往形成的情感联系。无论什么样的人，只要彼此之间有直接的交往，都会有一定的、性质不同的意义联系，从而产生各种性质的人际关系。人际关系会对一个人的个性发展、身心健康、生活幸福等产生重大的影响。积极的人际关系可以为人们提供积极的情绪体验和社会支持，消极的人际关系会让人们产生愤怒、无奈、委屈、不满足等不良情绪。例如，家庭成员之间的血缘关系、男女之间的情侣关系、企业员工之间的同事关系、学校中的师生关系等，都是人际关系的体现。

（一）人际交往的发展过程

人与人之间关系的形成和发展，从无关到关系密切，需要经过一系列的变化过程。最初，当两个人彼此没有意识到对方存在的时候，双方的关系处于零接触状态。此时双方是完全无关的，没有任何个人意义的情感联系。如果一方开始注意到对方，或双方相互注意到对方，则人与人之间的相互关系就已经开始，一方开始形成对另一方的初步印象，或彼此都获得了对对方的初步印象，不过在直接的语言沟通之前，彼此都处于旁观者的立场，没有情感投入。双方的情感联系，是从直接接触开始的，在交往双方开始直接谈话的那一刻起，彼此有了真正的情感联系。通常情况下，人与人的沟通、信任和关系是逐步深入的。

（二）人际关系的深度

随着人际关系的发展，我们会在交往过程中更多地表露自我，同时也要求别人越来越多地表露他们自己。根据社会渗透理论，人们对陌生人、熟人、亲密朋友的自我暴露程度是不同的。自我暴露的程度可以像尺子一样帮助我们对当前人际关系的深度有一个初步的了解和参考。

自我暴露分为四个层次：第一个层次是人们的兴趣爱好及与其有关的内容，如饮食、爱好、日常情趣等；第二个层次是人们真实的态度，对某人某事的看法、态度；第三个层次是私密性更高一点的个人人际关系状况或个人对自己真实的评价；第四个层次是隐私。

（三）影响人际关系的因素

影响人际关系的因素有很多，归纳起来可分为主观因素和客观因素两大类。

1. 主观因素

影响人际关系的主观因素主要包括如下四个方面。

（1）性格因素

良好的性格会使人建立起广泛而和谐的人际关系，但不良的性格，如自私、贪婪、虚伪、骄傲、顽固等，都是严重阻碍人际交往的因素，是产生人际排斥的主要根源。

（2）认知因素

认知因素是人们由于成长经历、家庭背景、社会文化习俗等不同而形成不同的世界观、人生观、价值观，在面对同一件事时会有不同的看法和态度。认知上的分歧越大，态度上的相似性就越小，自尊的需要就越得不到满足，彼此之间就会相互疏远、相互排斥。

（3）品质因素

良好的品质，如诚恳、理解、忠诚、可靠、聪明、体贴、热情等，都是人际关系中受欢迎的品质。而不诚实、不可信赖、贪婪等不良品质，自然得不到人们的欢迎。

（4）情感因素

情感是建立人际关系的基础，是联结人际关系的纽带。积极情感加深人际交往，消极情感则是建立良好人际关系的障碍。淡漠、厌恶、嫉妒等情感特征，都会引起他人的反感，使彼此相互排斥，严重破坏人际关系，而欣赏、理解、包容、悦纳等情感特征，则有利于建立良好的人际关系。

2. 客观因素

影响人际关系的客观因素包括如下三个方面。

（1）年龄因素

一般来说，人际吸引力随着年龄差别的扩大而减弱。青年人朝气蓬勃，向往未来；老年人情系往昔，缅怀昨天，青年人与老年人的思想观念、思维方式和行为方式有较大的差别。这种差别既可作为互补的基础，也可能成为两代人之间产生隔阂的原因。

想一想▼

在民航服务工作中，哪些因素会影响民航服务人员与旅客、与同事的人际关系呢？

（2）职业因素

现代化生产的高度分工与协作，使人们长期局限于特定的社会领域进行特定的工作，个人交往受到很大限制。同时，不同职业的人们往往缺乏共同的理想和语言，可能产生交往困难，而职业相同，又可能会对立，这些都构成了人际关系健康发展的阻碍。

（3）社会因素

人际关系是社会关系的反映，它受各种社会条件的制约。例如，风俗习惯、道德规范等因素，都会影响人际关系。社会条件差距越大，相互交往就越少。

二、人际交往的原则

人际交往过程中，需要遵循一定的原则，一般包括如下方面。

（一）尊重他人

每个人都有得到他人尊重的需要。尊重他人，是人际交往中非常重要的一个原则，也是人际交往中最起码的美德，是形成良好人际关系的基础。尊重他人，就是要尊重他人的人格、兴趣、爱好、习惯等。

（二）真诚待人

所谓人心换人心，我们若真心对待他人，他人也会真心对待我们。

（三）热情助人

法国启蒙思想家卢梭曾说过："对别人表示关心和善意，比任何礼物都能产生更多的效果，比任何礼物对别人都有更多的实际利益。"每个人都有被关心的需要，因此，要想得到他人的关心，先要去关心、帮助他人。

（四）悦纳他人

每个人都有自己与众不同的个性，有优点也有缺点。要处理好人际关系，就需要真诚地悦纳他人，从心底把别人当自己的朋友看待。一旦他人感受到你的真诚，自然就会心悦诚服地与你相处。

（五）恪守信用

恪守信用指一个人诚实、不欺骗他人、遵守诺言，从而得到他人的信任。

人离不开交往，交往离不开信用；要做到说话算数，不轻许诺言；与人交往时要热情友好，以诚相待，不卑不亢，获得别人的信任，产生使他人乐于与自己交往的魅力。

（六）平等待人

在人际交往中总要有一定的付出或投入，交往的需要和这种需要的满足是平等的，平等是建立人际关系的前提。人都有友爱和受人尊重的需要，都希望被别人平等对待，人的这种需要，就是平等的需要。在平等的基础上，交往的双方相互依存，通过对物质、能量、精神、感情的交换而使各自的需要得到满足。

三、人际交往的作用

对于一个人来说，正常的人际交往和良好的人际关系都是其个性正常发展、身心保持健康、生活幸福和事业成功的必要前提。通过人际交往人们认识社会、了解自己和他人、协调相互关系，以更好地适应环境。人际交往的作用主要表现在以下几个方面。

（一）信息获得作用

一个人直接从书本上学到的知识毕竟是有限的。随着科学技术日新月异，人们只有不断从其他途径进行辅助学习，才能跟得上时代。人们在交往中可以通过沟通，了解社会行为规范，了解各种不同社会角色的行为标准，以便在各种社会活动中与其他社会成员在行为上保持和谐一致。

（二）完善自我意识的作用

自我意识主要是通过与人交往，在与别人的相互作用中逐步完善成熟的。首先，人是以他人为镜，从与别人的比较中认识自己的。其次，人还是通过他人对自己的态度和评价，以及自己与他人的关系来认识自己的。在日常生活中，多了解别人对自己的看法，多听取别人对自己的评价，有利于客观、全面地认识自己。

（三）提升自我表现的作用

人总是希望别人了解自己、理解自己、信任自己。良好人际关系的建立，可使更多的人有机会了解自己的为人、性格、学识、才华。人生的许多机遇往往蕴含在人们对自己的了解与赏识中。正确、积极地表现自我，有利于获得他人的欣赏，从而获取宝贵的机会，实现个人抱负。

（四）自我激励的作用

人们通过人际交往，一方面可以通过与别人的比较来认识自己；另一方面可以通过别人对自己的反馈来认识自己，这有利于对自己做出较客观、准确的评价。同时，正义、正直、慷慨、友爱、睿智这些美好的人格在与他人的交往中得到充分体现。因此，人们在人际交往中既可以看到他人的长处，也可以看到自己的不足，从而唤起竞争意识，激励自己奋发向上，努力向先进看齐，这样就形成了一种富有激励性的氛围。

（五）具有身心保健的作用

人作为社会成员，有强烈的合群需要。人们通过相互交往，诉说各自的喜怒哀乐，增进彼此间的情感共鸣，从而在心理上产生一种归属感和安全感。生活中我们不难发现，那些乐于与人交往的人，往往精神生活更丰富，身心也更健康；而那些孤僻、不合群的人，往往有更多的烦恼和难以排遣的忧愁。

四、人际吸引

（一）影响人际吸引的因素

1. 熟悉性

随着熟悉程度的增加，大家对事物的喜欢程度会越来越高。

人与人在空间位置上越接近，越有助于人际关系的建立，越容易形成密切的人际关系。空间位置接近的人熟悉程度会提高，而且空间邻近性可以让我们用较小的成本维持人际关系，符合我们的利益。

2. 相似性

交往双方相似之处越多，越容易建立起良好的人际关系。例如，相似的年龄、受教育程度，相同的信仰、兴趣爱好，共同的国籍、种族，共同的文化背景，相同的职业、社会群体等，都会不同程度地增加人们之间的相互吸引，增强人们的亲密感。例如，"物以类聚，人以群分""志不同，道不合，不相为谋"就是说的这个道理。因此民航服务人员要善于发现与旅客的相似之处，从而建立良好的人际关系。

人际吸引

3.互补性

当自己的需要正好与对方的期望形成互补关系时，彼此容易产生吸引力，从而形成良好的人际关系。

4.个人特征

（1）外貌吸引

爱美是人的天性，在客我交往中，第一印象十分重要，而第一印象的制约因素包括仪容、仪表和仪态。那么民航服务人员想要增进人际关系，就应当做适当的"印象修饰"，从自己的服饰、举止、面部表情、精神状态等方面做出适合自身角色和当时情境的行为，产生令人愿意接近和接受的吸引力。

（2）人格吸引

民航服务人员的性格、气质、能力等人格品质，对交往关系的建立与维持能产生持久的影响。所以增强自己的人格魅力是进行良好人际交往的重要因素。开朗、热情、真诚、自信等性格特征是人们乐于接受的，而冷漠、封闭、虚伪、自卑的人则容易被人们疏远。

5.情境因素

良好的社会环境能够给人提供交往的机会，良好的自然环境也能给人提供理想的交往场所，最佳的情绪状态则是交往得以进行的必备条件。

（二）建立和发展良好人际关系的途径

建立和发展良好人际关系的途径很多，日常生活中可以从以下几个方面做起。

1.以开放的心态，积极对待人际交往

每个人内心都非常渴望交到朋友，但是很少有人能够主动去和他人交流。我们的生活中就常常出现这样的状况：两个人坐在一起，可以面对面交流，但是两个人都不愿意主动开口，宁可各自拿着手机给远方的人打电话。勇敢一点，大方地主动和别人打招呼，你一定能很快地赢得一大群朋友。例如，你如果常常在楼道里碰见某位同学，试着主动向对方点头微笑，你们可能就会慢慢熟识起来。

2.积极为他人做些事情

在他人需要帮助和支持的时候，如果你能积极地为他人做些事情，就能够增加他人对你的好感，从而与之建立融洽的关系。积极为他人做些事情，

在你遇到困难的时候，自然会有更多的人愿意帮助和支持你。

3.发扬合作精神

现在很多人都能认识到我们处在一个存在能力较量的社会中，需要努力在各方面完善自己，但恰是因为这样，有的人就时时处处把周围的每一个人都当作竞争对象，不愿与别人合作。当今社会不仅是一个竞争激烈的社会，还是一个强调合作的社会。每个人都有自己的优势与不足，彼此之间的思想撞击往往能产生新的思想火花。我们很容易感受到，经常与他人交换思想，交流感情，真诚地互相帮助，不仅能够共享成功的喜悦，还可以与他人建立起良好的人际关系。

4.真诚地赞美别人

在与人相处的过程中，要善于发现别人的优点，感受这份美好，然后真诚地给予别人赞美。这样，每个人都会乐意与你交往。"良言一句三冬暖，恶语伤人六月寒。"曾经有一本杂志介绍过一个周游世界的人，她虽然并不懂得其他国家的语言，但每到一个国家，她都会提前学会那个国家的一些礼貌的和赞美别人的语言。这样，她每到一个陌生的国家，都能交到很多朋友，从而度过了愉快的时光。

5.多站在他人的立场上想问题

凡事只考虑自己的感受，不懂得为他人着想，只以自我为中心的话，人就难以建立良好的人际关系。与他人交往，自己高兴时，就手舞足蹈，不高兴时，就乱发脾气；有时候自己遇到烦心的事情，看到别人很高兴，就埋怨别人不理解自己，不关心自己……这些认知都会阻碍良好的人际关系的建立。我们应该明白：每个人都有自己的生活，别人不可能每时每刻都关注着我们的感受。我们要尽量悦纳自己、悦纳别人，多站在他人的立场上想问题。例如，在同学午睡时，尽量放轻动作，听音乐时戴上耳机等。

相关链接 ▼

观察细致的乘务员

时间回到某年 3 月 12 日，项婧乘务长带班执行 MU6986 航班飞行任务，该航班从哈尔滨飞往温州，中间经停烟台。在进行认真细致的航前准备后，乘务组精神饱满地迎接旅客登机。这时，头等舱乘务员安娜观察到旅客常先生一上机就面露不悦，依据飞行多年的经验，她没有马上与旅客沟通，而是更为细致地完成每一个服务流程。飞机起飞后，安娜为他送上了可口的餐食。这时，乘务长项婧关注到旅客很快便用餐完毕，但好像有一点意犹未尽。于是她走到旅客身边，轻声询问道："常先生，餐食口味还合您心意吗？"在得到旅客肯定后，她对旅客说："如果您有需要，我们可以再为您提供一份餐食，您也可以再换个口味品尝一下。"旅客一边惊讶于乘务长观察如此仔细，一边欣然应允。用餐完毕后，旅客开始翻看今日新闻，乘务员安娜马上贴心地为他打开了阅读灯。不一会儿，客舱舒适的环境很快使他进入了睡眠状态，安娜又为他关闭了阅读灯，拉下了遮光板，并给他轻轻披上毛毯。飞机即将下降，旅客恰好醒来，安娜又第一时间出现在旅客身边，给他送上温水和热毛巾，同时向旅客预报到达时间并简单介绍了目的地的天气。这时，常先生对乘务员说："你们今天的服务太好了，上机前，我因为一些私人的事情很不愉快，带着一肚子怨气上了飞机，但是你们今天的服务让我体会到了宾至如归的感觉。以后出行，我会尽可能多地选择你们的航班。"听到旅客的表扬，项婧和安娜表示这是她们应该做的。下机后，旅客走出客舱还频频向乘务员挥手道别。

6. 犯错误效应

我们可能会看到这样的人，他们各方面都很不错，长得精神，人又聪明，有抱负，但是他们往往不能和别人友好地相处。心理学家曾做过这样一个实验：随机找到一群互不相识的人，让他们在一个房间里观察另一个房间里发生的事情。在这个房间里，实验者安排了四个人做一些事情，其中第一个人表现非常出色，几乎没有差错；第二个人表现同样出色，但是不小心把杯中的水洒了；第三个人表现平平，但是没有出状况；第四个人表现平平，但又把杯中的水洒了。实验者问这群人比较喜欢哪个人，结果是大多数人最喜欢第二个人，而对第四个人的评价最低。为什么呢？

其实，一个有魅力的人，不是要让别人觉得自己

> **小贴士 ▼**
>
> **建立和谐人际关系的十大法则**
>
> 1. 由彼观彼，善解人意。
> 2. 己所不欲，勿施于人。
> 3. 不求取免费的午餐。
> 4. 己所欲而推及于人。
> 5. 永远不忘欣赏他人。
> 6. 诚信待人。
> 7. 和气待人。
> 8. 不靠语言取悦别人，要靠行动取信于人。
> 9. 要雪中送炭，不要锦上添花。
> 10. 以德报怨。

有多完美，关键是让他人觉得与自己在一起的时候能体现出其价值。我们在与他人相处的时候，不要过于显示自己的长处，一定注意不要忘记感谢别人为我们做的事情。带着热情和真诚的笑容去感谢他们，让别人了解到自己非常需要他们。真诚地说一句："没有你，我真不知道该怎么办。"能使别人感到自己是必不可少的。当朋友取得成就时，动手写封信，专门给他们打一个电话，或者专程拜访，以表祝贺。和谐的人际关系对于一个人的成功来说是非常重要的，我们应该积极建立和谐的人际关系，并且在实践中多与人为善。

思考与练习 ▼

1. 我们根据什么判断人际关系的深度？
2. 影响人际吸引的因素有哪些？
3. 测一测你的人际关系如何。

任务二
提升客我交往技巧

任务单 ▼

名称	内容	备注
任务目标	了解客我交往的含义和特征； 掌握客我交往技巧； 能够熟练运用客我交往技巧，提高旅客满意度； 提高人际交往能力和职业素养。	
任务要点	客我交往的特征； 客我交往有关心理效应； 客我交往的原则； 客我交往的技能与技巧。	
任务实施	学习前查阅相关知识点； 学习中积极参加课堂互动； 学习后巩固所学知识点，完成课后任务。	

续表

名称	内容	备注
任务运用	提高旅客满意度； 预防和解决冲突； 提高服务质量； 团队合作； 培训与教育。	
任务反思	民航服务中的每一次交往都涉及客我关系。工作人员应时刻意识到，他们的行为和言语，都会对旅客产生直接的心理效应。克服客我交往的失误需要增强自我意识和同情心，学会站在旅客的角度看问题。	

知识探究 ▼

一、客我交往概述

（一）客我交往的含义

客我交往，是指民航服务人员与旅客之间为了沟通思想、交流感情、表达意愿、解决旅途中共同关心的问题，而相互施加影响的过程。客我交往是民航服务存在的条件和方式，没有客我之间的交往就没有民航服务。

（二）客我交往的特征

由于民航服务人员的特定角色以及民航旅客所处的特定地位，客我交往表现出一系列特征。

1. 交往地位的不对等性

在民航服务交往中，对旅客而言，人际交往可以只凭兴趣和意愿。但对民航服务人员来说，旅客与服务人员的接触，通常是不对等、不平衡的，也就是说在这种接触过程中旅客对服务人员可以提出要求，而服务人员是不能对旅客提出要求的。不平衡和不对等接触也表明民航服务人员必须服从和满足旅客的意愿。因此，民航服务人员不可能在服务过程中与旅客处于完全对等的地位。但在民航服务的实践中，一些传统观念较深的服务人员，由于不能正确理解和处理这种不对等的关系而陷入自卑或逆反状态，从而给民航服务管理和服务质量造成消极影响，有损民航企业的声誉。

客我交往技巧

相关链接 ▼

难忘的飞行

"当亲和变成一种习惯时，你就会发现每个旅客不同的需求，通过一件不起眼的小事，提前让旅客感受你的温暖，从而信赖你、信赖国航。"国航的崔雯主任经常与组员分享自己的经验，"每天服务不同的航班，遇见不同的旅客，是一种莫大的缘分让我们在狭小的客舱中相见，是一种神奇的力量让我们在几千米的高空相伴，是一种未知的机缘让我们在每一个机场道别。投给旅客的微笑、双手递送的毛毯、一次耐心的倾听、一句问候、一杯淡茶，哪怕是会意的点头，都能拉近我们与旅客心与心之间的距离，带给旅客宾至如归的体验。"

在一次北京飞往约翰内斯堡的旅途中，新梦组迎来了一批来自南非的儿童团，当热情地带领整组迎客时，崔雯主任敏锐地发现每个儿童有一丝丝的惧怕与恐慌。或许是语言的不畅通，或许是对异国他乡地域的不熟悉，也或许是初次见面的排斥感，无论乘务组多么热情地提供服务，整个儿童团小朋友的态度始终不温不火。当乘务组送给他们自己亲手折的各种造型的折纸时，有一个名叫朱莉的小女孩在拿了一个纸飞机后怯生生地躲到了一边。

看到朱莉似乎是喜欢飞机的，细心的崔雯主任立刻取来飞机上配备的"飞机先生"玩偶送给了她，小女孩对眼前这位亲切的阿姨渐渐放下了戒备，终于开口说话了，她一边流眼泪一边重复地说着"Mom...Miss mom..."，虽然简短，但是崔雯主任的心揪了起来，就像看到了自己的孩子独自出门在外一样，感受到了朱莉的无助和对家人的思念。通过和带队老师沟通，崔雯主任了解到，朱莉平时性格比较内向，这次远离家人来到这么远的地方状态一直不好，这次的中国之行她也从未露出过笑脸，并且拒绝和任何人说话。

为了让朱莉感受到来自中国的爱，能够开开心心地回到妈妈的怀抱，同时也为了儿童团的每一个小朋友都能有难忘的飞行体验，崔雯主任在机舱开展了一次折纸活动。她一边折纸一边耐心地与朱莉用英文聊起了天，小女孩仿佛感受到了这份来自"异国妈妈"的爱，刚开始是说只言片语，慢慢地开始和崔雯主任说起了悄悄话。在崔雯主任的耐心倾听与关爱下，小朋友彻底打开了心扉，笑容渐渐地爬上了她的小脸，朱莉不仅开始和崔雯主任亲近，也能够主动和其他小朋友以及新梦组的大朋友们互动，还不时地拉着新梦组大朋友的手讲身边的趣事，在大家的陪伴下儿童团愉快地度过了漫长的飞行时间。终于，飞机顺利到达目的地，下机时，朱莉特地主动拥抱并献给崔雯主任一个甜甜的吻。那一次难忘的旅程给整组的乘务人员留下了深刻的印象，他们身临其境地感受到亲和"如影随行"之真谛。

"像家人一般对待旅客，使他们获得温暖和安全感的同时，我们也获得了一份安宁和幸福。"崔雯主任不仅将亲和落到了实处，而且用心去倾听旅客内心的声音，用爱去温暖旅客冰封的心，让每一位旅客感受到国航优质的服务。

2. 交往的公务性

民航服务中的客我交往，主要是出于公务上的需要，而不是个人感情、兴趣爱好等方面的需要。也就是说，在一般情况下，民航服务人员与旅客的接触只限于旅客需要的地点和时间，否则就是打扰旅客的违规行为。

3. 交往深度的局限性

民航服务人员与旅客之间的接触只限于具体的服务项目，而不能涉及个人关系，更不能对个人历史、家境和性格等进行深入了解。

4. 交往时间的短暂性

由于民航服务自身的特点，旅客从购票、候机、登机、途中飞行，直至到达目的地，时间不会太长。这就形成了民航服务交往频率高、时间短的局面。客我交往的接触时间少，并不意味着客我交往关系重要性的减弱。如果不重视客我关系，可能会导致大量旅客和潜在旅客流失。

5. 交往结果的不稳定性

民航服务是人与人之间面对面的交往活动。由于民航服务人员的个人素质、能力、性格差异以及旅客社会角色、文化背景和情绪变化的区别，同一服务人员在不同的时间、地点，向不同旅客提供同一服务的项目，也会产生截然不同的服务效果。因此，交往结果具有不稳定性。

（三）客我交往有关心理因素

在客我交往过程中，一些社会知觉偏差影响着旅客对航空公司或民航服务人员的客观认识和评价，它们既有好的一面，也有不好的一面。了解这些心理因素，能为民航服务人员的工作带来益处。

1. 首因效应

首因效应形成的时间很短，但一旦形成就很不容易改变，这种印象会一直影响旅客与民航服务人员以后的交往。即使后来的印象与第一印象有差异，旅客仍倾向于最初的印象。旅客的第一印象往往决定着其对民航服务人员的整体评价与看法。

2. 晕轮效应

晕轮效应是一把双刃剑，如果民航服务人员好的品质先被旅客认知，所形成的"晕轮"就会遮掩民航服务人员的不足。如果不良品质先被旅客认知，所形成的"晕轮"则会遮掩民航服务人员的优点，而"放大"民航服务人员的微小失误。

3. 角色扮演

角色，在心理学上的解释是一种职能，一种每个处在某个位置上的人所期待的符合规定的行为模式。角色有四个要点：充当某种角色，就意味着在社会生活中处于某个位置；角色是一种职能，一种权利；每一种角色都有其符合规范的行为模式；一个人一旦充当了某种角色，人们就会按照该角色的标准和要求对他予以相应的期望。

4. 否定后肯定效应

如果人们先对一个人做出否定的评价，再给予肯定评价时，这个人会更加满意和愉悦。在民航服务过程中，民航服务人员也许会出现失误，使别人对自己做出了否定的评价。但是不要气馁，更不能"一蹶不振"，而是要想方设法弥补过失，消除影响，重新获得旅客的信任。

二、客我交往的原则

民航服务人员要想与旅客保持良好的客我交往，既需要具备健全的人格、正确的认识方式和正常的情绪反应，也需要相应的交往技巧和技能。

（一）平等原则

每个人都需要得到别人的尊重，都需要通过交往寻找自己的社会位置，获得他人的肯定，证明自己的价值，而平等的原则正好可以满足客我交往的这一需要。民航服务人员和旅客在角色上是不对等的，但在交往过程中彼此在人格上是平等的，双方都是彼此的受益者，这就需要民航服务人员在服务过程中平等对人，不可盛气凌人或阿谀奉承。

（二）诚信原则

"诚"是诚实，"信"是信用。诚信是人与人之间建立友谊的基础，也是客我交往的基础。在客我交往中，双方只有心存诚意，才能相互理解、接纳和信任，才能有情感上的共鸣，交往关系才能得到发展和延续。如果民航服务人员给旅客以虚假、靠不住的印象，就会失去旅客的信任，很难有机会再为旅客提供进一步良好的服务。在客我交往过程中，服务人员要恪守"言必行，行必果"的古训。

（三）宽容原则

俗话说："金无足赤，人无完人。"宽容是一种美德，也是对健康的交往关系的呵护。在客我交往中，民航服务人员要用辩证的观点看问题，不过分挑剔旅客。在旅客有不同意见时，民航服务人员要有豁达的心胸，接纳旅客的不同意见。严于律己，宽以待人，不放纵自己，不苛求他人，民航服务人员就会赢得旅客的尊重和肯定。

（四）赞扬原则

马克·吐温谈到自己被人赞美时的感觉，幽默地说："我接受了人家愉快的称赞之后，能够光凭着这份喜悦的心情生活两个月。"从内心深处来讲，人人都希望得到他人的肯定和赞美，一点赞美的火花很可能就会燃起友谊的火焰。在客我交往中，民航服务人员要善于发现并且赞美旅客的优点与长处，礼貌相待，才能相互促进和提高。民航服务人员的赞美会给旅客带来愉悦的情绪，反过来，旅客的好情绪也会感染民航服务人员。恰当地赞美他人，会给他人以舒适感。所以，要建立良好的客我关系，恰当的赞美是必不可少的。

三、客我交往的技能与技巧

（一）塑造良好的自身形象

现代社会，人们比较注重民航服务人员的外表和风度。良好的形象和大方的仪表是客我交往的基础，甚至在一定程度上，民航服务人员的形象将直接影响与旅客的关系。

小贴士▼

赞美他人的六种技巧

1. 赞美他人要有理有据，不能言不由衷或言过其实。

2. 赞美他人要雪中送炭，不要锦上添花。

3. 赞美他人，内容要具体，不能含糊其词。

4. 赞美他人要恰如其分，不能掺一点水分。

5. 赞美他人要把握时机，不要拖延。

6. 赞美他人要真心诚意，不能虚伪。

图 7-1　穿职业装的空乘人员

民航服务人员在与旅客交往时应该注意以下几方面。

第一，衣着整洁大方，符合自己的身份和气质，可适当修饰或化妆（图 7-1）。

第二，举止得体，谈吐文雅，不言过其实，也不吞吞吐吐。

第三，态度谦和，热情大方，切忌傲慢自大，冷漠无情，目中无人。

第四，在适当时候可展示自己的特长和才华，但不可自我吹嘘，故意卖弄。

第五，乐于助人，当旅客需要帮助时，给予全力帮助。

第六，文明礼貌，谦虚谨慎，实事求是。

（二）学会倾听

倾听是民航服务人员对民航旅客尊重的表现，是交谈成功的诀窍。善于倾听的人善于沟通，深得人心。民航服务人员要养成良好的倾听习惯，这将有助于民航服务人员为旅客提供满意的服务。倾听的要领是，耐心听取旅客说话，态度谦虚，目光注视旅客，让旅客感觉到服务人员的专注；在旅客说话的过程中，民航服务人员不随便打断对方，可以适当地提一些简短的问题，通过提问向旅客传达信息，表明在认真仔细地听他说话。另外，倾听时要能听出对方的言外之意，把握说话者的真正意图。

（三）学会赞美

赞美的实质是对他人的赏识和激励。现实生活中每个人都希望得到尊重和肯定，他人的赞美正好是对这种需要的满足。民航服务人员与旅客交流要使用赞美性的语言，恰到好处的赞美能带来和谐的人际关系，给旅客带来美好的心情。但是，在赞美他人时，要真诚、适度，否则效果会适得其反。

（四）热情有度

热情有度是指民航服务人员在为旅客服务时，要把握好热情的分寸，热情不够，通常就会怠慢旅客；服务热情过度，也会妨碍旅客，同样达不到预期的效果。民航服务人员应在尊重自我的基础上，把握好热情服务的度，使旅客在享受服务的过程中心安理得，不受过度礼遇的惊扰。

四、客我交往的注意事项

民航服务人员在客我交往过程中，有五个方面的注意事项。

（一）不卑不亢，心态平和

现代社会生活丰富多彩，在不同的时空，人们所扮演的角色也在不断转变，服务与被服务的角色也应随时间和空间的不同而变化。不卑就是不显得低贱，不亢就是不显得高傲。在旅客面前，民航服务人员要保持平和的心态，既不要在为旅客服务时感觉低人一等，也不要在别人为自己服务时傲慢无礼。

（二）不与旅客过分亲密

民航服务人员在为旅客提供服务时要注意公私有别。在工作中，出于礼貌或为了创造和谐的氛围，民航服务人员可以和旅客进行一些简单的交谈，但与旅客交谈不能影响工作，也不能离题太远。

（三）不过分殷勤，不过分烦琐

对于旅客提出的要求、托办的事项，民航服务人员只需要轻声回答"好的"或"明白了"就可以，不要喋喋不休地重复，否则，就是一种失礼的表现，会使旅客感到厌烦。

（四）一视同仁

虽然民航旅客各自的身份、年龄、职业等不一样，但民航服务人员都应当对他们一视同仁。有的民航服务人员以貌取人，这是不可取的，应该摒弃。还有的民航服务人员见到熟人来乘飞机，就特别客气，甚至长时间大声交流，这会给旅客带来很不好的印象，也会给公司带来不良影响。对于老、弱、病、残、孕等特殊旅客应该主动搀扶，并给予周到的服务。

（五）表情适度，举止得体

在人际交往中，表情被视为信息传播与交流的一种载体，表情包括微笑等。民航服务人员在为旅客提供服务时，有必要对自己的表情进行适当调控，以便更准确、适度地

> **小贴士▼**
>
> **五种被严格禁止的眼神**
>
> 一是盯着旅客，似乎担心旅客偷盗。
>
> 二是打量旅客，似乎对旅客分外好奇。
>
> 三是斜视旅客，似乎对旅客挑剔或看不起旅客。
>
> 四是窥视旅客，似乎是少见多怪等。
>
> 五是扫视旅客，即在旅客的某些部位反复扫视，这极容易引起旅客，特别是异性旅客的反感。

向旅客表达自己的热情、友好之意。在服务过程中，民航服务人员还要注意自己的笑容，在迎送旅客或为旅客直接服务时，适度的微笑是得体的、被乐于接受的。同时，民航服务人员在为旅客提供服务时，一定要对自己的举止有所克制，切不可随意散漫、无所顾忌。

思考与练习▼

1. 如何提高客我交往的技能与技巧？
2. 客我交往的注意事项有哪些？

■ 评价与反思 ■

恭喜你完成了项目七的学习，是时候停下来，回顾和反思我们所学的知识了。

我们学习了人际关系的定义，了解了人际关系中的自我暴露原则，相信你也将自己的日常人际交往与项目七结合起来了，对自己的人际交往有了新的认识与规划。我们可以通过掌握客我交往的注意事项来提升自己的人际交往能力，与他人建立信任合作的深度关系。在民航服务过程中，熟练地运用客我交往原则能够保障我们的工作顺利开展。

现在，我们可以对项目七的两个任务的学习做自我评价，检查自己的掌握情况。

■ 学习评价单 ■

项目		分值	学生自评	教师评分
知识掌握	1. 人际交往的定义； 2. 自我暴露的定义； 3. 客我交往的技巧。	30		
能力运用	1. 能运用自我暴露原则主动建立良好的旅客—服务人员的关系； 2. 能运用人际交往技巧识别适合旅客的人际类型，提升民航服务质量； 3. 能结合实际情况，对不合适的人际交往过程／方式做出合理应对。	30		
素质提升	1. 提升了自己的人际交往能力； 2. 提升了自己对他人行为的包容能力； 3. 提升了自己与他人互动的技巧与能力。	30		
总结	请简要总结本项目学习的心得体会，包括学习成果、存在的问题和改进措施等。	10		

项目八　优化沟通策略

■项目导入■

嗨，未来的沟通大师们！我们携手进入这个充满挑战和机遇的领域，探索民航服务中的沟通之道。可以说，沟通是我们与外界连接的桥梁，它可以使我们达到意想不到的高度。

首先，我们会一探沟通的奥秘，在任务一我们将深化对沟通概念和特点的理解，探讨沟通的不同形式以及如何实现有效沟通；我们还将探索沟通的各种方式和行为规则，以让自己成为一个沟通高手。其次，我们将一起破解民航服务中的沟通障碍。在这个环节里，我们将揭示那些可能出现的沟通障碍，并学习如何巧妙应对它们，这样无论遇到什么样的沟通困境，我们都能泰然处之。最后，我们将深入沟通策略与技巧的殿堂，将学到如何巧妙地使用语言艺术来进行沟通，以及利用身体语言来传达信息。掌握这些技巧，我们将在服务行业如鱼得水。

让我们共同启航，打开沟通的大门，发掘它所带来的无穷可能。我们一起将沟通提升到一个全新的层次！

■心理沙龙■

活动名称：你画我猜

活动目标：

1.认识到非言语沟通的力量和局限性。

2.练习解读视觉信息和信号。

3.学习如何更有效地通过简单和明确的方式来传达复杂的信息。

活动步骤：

1.准备一些简单的词语或短语，可以是常用的物品、动物或是与本章内容相关的专业词汇，将它们写在纸条上并放入一个容器中。

2.每个小组轮流进行游戏。在每一轮中，一名学生从容器中随机抽取一张纸条，然后尽力通过画图的方式来描述纸条上的词语，而他的小组成员则需要尽快猜出这个词语是什么。

  3. 画图的学生不能使用任何语言描述，只能通过画图来传达信息。

  4. 每个小组有 2 分钟的时间来猜测尽可能多的词语。猜对一个词语可以得到一分。

  5. 在所有小组都完成游戏后，计算每个小组的总分来确定赢家。

讨论和反思：

活动结束后，可以组织小组讨论，让学生来分享各自的体验和所学到的知识。可以引导学生思考以下问题：

  1. 在游戏中遇到了什么困难？

  2. 你是如何克服这些困难的？

  3. 你从这次活动中学到了哪些关于沟通的知识？

通过"你画我猜"游戏，学生不仅可以增强团队合作和沟通能力，还可以更好地理解沟通的复杂性和多元性，从而在未来的沟通中更加得心应手。

情境再现 ▶▶ **头等舱的餐食**

  在某航班上，乘务员为旅客提供正餐服务时，机上的正餐有两种热食供旅客选择，供应到某位旅客时他所要的餐食品种刚好没有了，乘务员热心地到头等舱找了一份餐食，送到这位旅客面前，说："真对不起，刚好头等舱多了一份餐食，我就给您送来了。"旅客一听，非常不高兴地说："头等舱吃不了的给我吃？我也不吃。"由于言语不恰当，乘务员没有得到旅客的感谢，反而惹得旅客不高兴。

  如果乘务员这样说："真对不起，您要的餐食刚好没有了，但请您放心我会尽量帮助您解决。"这时，可到头等舱看看是否有多余的餐食能供旅客选用。拿到餐食后，再送到旅客面前时，可以这样说："您看我将头等舱的餐食提供给您，希望您能喜欢，欢迎您再次乘坐我们航空公司的飞机，我一定首先请您选择我们的餐食品种，我将非常乐意为您服务。"同样的一份餐食，但话语不同，会带来不同的结果。

  民航服务中的沟通就是一种特殊的人际沟通。沟通是一门艺术，是优秀的民航服务人员不可或缺的能力。例如，上述案例中民航服务人员的一句"刚好头等舱多了一份餐食，我就给您送来了"，虽然他想表达的是对民航旅客的热情，但由于语言表达不当，不仅没有得到旅客的感谢，反而引起了旅客的不满，让旅客觉得自己是要吃别人剩下的饭菜。如果民航服务人员有良好的沟通能力，灵活地运用沟通技巧，就能提高服务质量，以达到让民航旅客满意、使民航服务工作更加顺利的效果。

任务一
了解沟通

任务单▼

名称	内容	备注
任务目标	了解沟通的概念和结构； 理解有效沟通的行为法则； 能够将沟通的技巧使用在民航服务场景中，提升旅客的满意度； 能够认同沟通的重要性，并提升自己的沟通技巧； 提高自己的沟通能力，用沟通化解生活中的问题。	
任务要点	沟通的概念； 有效沟通的要点。	
任务实施	学习前查阅相关知识点； 学习中积极参加课堂互动； 学习后巩固所学知识点，完成课后任务。	
任务运用	通过各种沟通方式和行为法则来更好地传达信息和理解他人。	
任务反思	我深刻认识到有效沟通在民航服务中的核心地位。提升沟通能力不仅可以使工作更加顺利，还可以帮助我在日常生活中建立更和谐的关系。	

知识探究▼

一、沟通的概念与结构

（一）沟通的概念

沟通，是人与人之间使用媒介传递信息、交流思想感情，并产生相应行为的一种社会活动。它包括人与人之间的交流和人类凭借大众媒介，如报纸、电视等进行的交流。民航服务中的沟通是指民航服务人员与旅客交流信息和情感的活动。沟通是人际交往的润滑剂，个体的社会活动离不开沟通。

沟通的目的有三个：放大正面情绪，释放负面情绪，采用某些建议以得到良好的结果。

（二）沟通的结构

一个完整的沟通过程有五个要素：信息的发出者、信息的接收者、信息、途径、反馈。图 8-1 很清楚地呈现了沟通的几个要素。

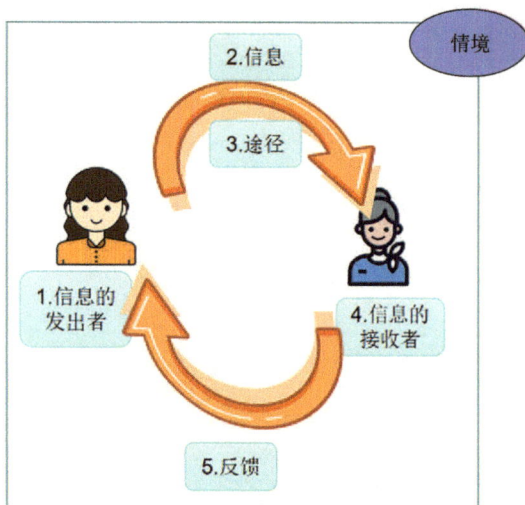

图 8-1　沟通的要素

除此以外，所有的沟通都是在一定情境下发生的，这个情境包含三个方面的内容。一是物理情境。例如，教师在教室上课，学生能听到，是因为教室中有空气作为介质传递声波；如果教室在月球，没有其他设备辅助，学生就没有办法听到教师的声音。满足一定的物理条件，沟通才能顺利进行。二是文化情境。例如，两个人交流，一个说中文，一个说韩文，相互都不懂对方的语言，就没有办法顺利地沟通。三是心理情境。一个安全、值得信任的心理情境有助于人们表达。反之，相互怀疑、回避不利于沟通的进行。

1. 沟通双方均为主体

在人际沟通中，沟通的双方都是交往的主体。沟通的双方都各自具有自己的目的与动机，同时也都关注着对方的目的、动机和有关的各种重要情况。沟通的双方都是以积极主动的状态参与的，在交流中谋求共同的意义。在民航服务中，沟通的双方分别是民航服务人员和旅客。民航服务人员在沟通中希望得到旅客的理解，努力为旅客提供优质服务，而旅客也希望得到民航服务人员的关注，获得优质服务。

2. 沟通的媒介是语言

语言是人们用来表达思想、交流感情的交际工具。在民航服务中，语言是每一个民航服务人员完成任务不可缺少的工具。民航服务人员以语言表达方式为主要服务内容，因此语言表达关系着服务质量、服务水平。这里的语言既包括沟通主体说的话，也包括副语言及体态语言。体态语言常常会反映一个人内心的真实态度，因此，民航服务人员不仅要在说话上，而且要在肢体动作上主动让别人感受到真诚和友善。

3. 沟通是双方的联系与互相影响

在人际沟通中，双方会因信息交流而产生联系，并且会因在沟通中传递的信息内容和态度而互相影响，并因此调整自己的心理及行为。通过沟通，一方可能与另一方就某问题达成协议，或者某一方改变了对方的主张或态度，或者某一方屈从于另一方。双方的关系既可能由于沟通而更加紧密，也可能因此而疏远或中断。

4. 沟通过程中可能会产生沟通障碍

沟通主体可能会因社会、心理或文化因素而产生沟通障碍。其中，由社会因素造成的沟通障碍，主要是指沟通双方对交往情境缺乏统一的理解；由心理因素造成的沟通障碍，主要是指个体心理特征存在差异；由文化因素造成的沟通障碍，往往是指交流双方的文化特征，如风俗习惯、民族观念等不一致。在民航服务工作中，民航服务人员与旅客之间也会因社会、心理或文化因素而产生沟通障碍。

二、沟通的作用

沟通是人际交往的基本形式。通过沟通，人们可以了解社会行为规范，了解各种不同社会角色的行为标准，以便在各种社会活动中与其他社会成员在行为上保持和谐一致。人们通过交往，增加对别人的了解，与他人建立及发展和谐友好的关系。心理学家认为，一个人除了睡眠的 8 小时之外，其余时间的 70% 要花在人际间的各种直接或间接的沟通上。一般的沟通中，9%的沟通以书面写作形式进行，16% 的沟通以阅读形式进行，其余 75% 的沟通则分别以听取别人或自己说话的交谈方式进行。当然，这种时间的分配不是绝对的，而是因人因情境而异的。

在民航服务过程中，民航服务人员如果能与旅客进行良好的沟通，不仅能提供给旅客良好的服务、化解不必要的冲突和矛盾，还能满足旅客人际交往的需要。具体来讲，主要表现在以下几个方面。

（一）沟通有利于民航服务人员为旅客提供良好的服务

沟通可以让民航服务人员了解旅客的需要和困难，有机会帮助他们解决困难，从而让自己的专业能力、专业服务水平得到旅客的认同。民航服务人员也可以在实际锻炼中使自己的知识更加广博，服务能力得到进一步的提高。

（二）沟通有利于改善民航服务人员与旅客的关系

沟通的基本功能是改善交往双方的关系。首先，沟通可以防止误会。在民航服务过程中，由于性格、文化程度等主观原因和时间、地点、环境等客观原因，民航服务人员与旅客之间容易发生误会，一个误会又可能引发一连串的误会，甚至几种误会同时发生。如果民航服务人员对这些误会处理不当，就会给民航服务工作带来不利影响，还可能会造成无法弥补的损失。防止误会发生的最好途径，就是与民航旅客进行顺畅的沟通。其次，沟通可以化解矛盾。民航服务人员面对形形色色的旅客，与旅客产生矛盾是不可避免的。要让矛盾得到解决，前提是不要激化矛盾，这就常常需要以双方的让步为前提。要使双方都让步，沟通就具有举足轻重的作用。通过沟通，双方才能了解、理解对方的立场和处境，才会控制自己的情绪，缓和紧张的气氛，在沟通中找到双方都能接受的观点，最终化解矛盾。

> **相关链接 ▼**
>
> **当航班延误时**
>
> 今年 1 月 2 日，我从南京乘坐国航 17 时 30 分的 CA1562 航班返回北京。当天国航 14 时 55 分的 CA1538 航班被取消，乘客被合并到 CA1562 航班（机上满员）。由于南京机场未做解释，部分乘客意见很大，抱怨时间的变化影响了自己原定的安排。乘客火气大，说话较急躁。一些乘客还把意见转移到了个别乘务员的服务质量上，说话声音很大，客舱里显得有些混乱。

此时，乘务长闻声而至，俯身劝慰乘客。她没有强调客观原因，而用谦恭的语气批评自己做得不够，一定还要多做努力，以保证能高质量地为乘客服务。她诚挚地代表国航向因航班取消而受到影响的乘客表示歉意……

这位乘务长极具亲和力的语言、真诚的态度得到了多数乘客的理解和认同，乘客们向她投以赞许的目光，客舱里很快恢复了平静。

这位乘务长对自己的位置、自己的角色定位把握得非常好，说话恰到好处，关键时刻，沟通促进了问题的妥善解决。

乘客××

（三）沟通可以促进民航服务人员与旅客之间的交往

民航服务人员与旅客的良好沟通，能够使民航服务人员和旅客都体验到被尊重、被理解的感觉，从而满足双方相互交往的需要，使双方产生亲密感，双方的关系也会因此得到改善和调节。

三、沟通的方式

沟通成功与否，与其说在于沟通的内容，不如说在于沟通的方式。要成为一名成功的沟通者，就要让对方认为你所解释的信息是可靠而且合适的。

在人际交往中，沟通的方式主要有以下几种。

（一）单向沟通与双向沟通

单向沟通，是指沟通的全过程，自始至终由信息发送者向接收者传递信息。双向沟通，是指沟通双方相互传递信息，双方既是信息的发送者同时又是信息的接收者。在民航服务过程中，民航服务人员与旅客之间的沟通多为双向沟通。

（二）口头沟通、书面沟通与混合沟通

口头沟通，是指会谈、讨论、演讲、口头通知及电话联系等语言化的沟通。书面沟通，是指书面通知、报刊、书面报告等文字形式的沟通。混合沟通，是指口头沟通与书面沟通相结合的沟通形式。口头沟通比较灵活、迅速，

小贴士▼

良好沟通的益处

1. 能获得更多更佳的合作。

2. 能减少误解。

3. 能使人更乐于作答。

4. 能使人觉得自己的话值得倾听。

5. 能使自己办事更加井井有条。

6. 能使自己拥有冷静思考的能力。

7. 能使自己感觉可以掌握所做的事。

双方可自由交换意见，而且还可以互相传递情感。在民航服务工作中，民航服务人员与旅客主要采用的是口头沟通。口头沟通必须力求口齿清楚、言语简洁，抓住中心，否则会影响沟通效果。

（三）有意沟通与无意沟通

有一定目的的沟通叫作有意沟通。进行有意沟通时，沟通者对自己沟通的目的都会有所意识。例如，谈话、打电话、写信，甚至闲聊，都是有意沟通。

虽然事实上在与别人进行着信息交流，但我们并没有意识到沟通正在发生，这叫无意沟通。心理学家认为，事实上，出现在我们感觉范围中的任何一个人，都会与我们存在某种信息交流。例如，在民航服务中，看到旅客说话语速慢，民航服务人员也会自觉地跟着放慢语速。同样的情况也会发生在对方身上。这说明，民航服务人员与旅客之间已经有了无意沟通。

（四）语言沟通和非语言沟通

语言沟通，是指用语言符号实现的沟通。因此，语言沟通是最准确、最有效的沟通方式，也是应用最广泛的一种沟通。

非语言沟通，是指借助于非语言符号，如姿势、动作、表情以及非语言的声音和空间距离等实现的沟通。非语言沟通的实现有三种方式。第一种，是指通过动态无声的目光、表情、手势语言和身体动作等实现。第二种，是指通过静态无声的身体姿势、空间距离及衣着打扮等实现。这两种非语言沟通统称身体语言沟通。第三种，是指通过非语言的声音，如重音、声调的变化等来实现沟通。这种非语言的声音信号被心理学家称为副语言。副语言在沟通过程中起着十分重要的作用。一句话的含义有时不取决于其字面的意义，而是取决于它的弦外之音。一句"真不错"，当音调较低，语气表肯定时，表示的是由衷的赞赏；而当音调升高、语气表否定时，则变成了讥讽和幸灾乐祸。

在民航服务工作中，民航服务人员与旅客之间的语言沟通和非语言沟通都有着重要的作用，民航服务人员应该恰如其分地运用这两种沟通方式。

四、有效沟通的行为法则

有效沟通，是以听、说、读、写等方式为载体，通过演讲、会见、对话、讨论、信件、动作等形式，选择适当的沟通渠道，用准确的方式表达出来，使双方在思想和感情上达成共识。良好而有效的沟通是人际关系的润滑剂。沟通要讲究方法和艺术，要给对方台阶下。例如，对一位大声吵闹的民航旅客礼貌地说："您先喝口水，消消气。"然后以足够的耐心让旅客把话讲完，本着大事化小、小事化了的原则提出解决问题的办法。在解决问题时不要与旅客争执，应该借助于沟通的艺术，消除不同的见解与意见。以下提供几个有效沟通的行为法则。

（一）自信的态度

一般事业有成的人，不盲目从众或唯唯诺诺，不但有自己的想法与见解，而且很少对别人吼叫、谩骂，甚至极少与人争辩。他们相当了解自己，并且非常肯定自己。他们的共同点是自信，自信的人常常是最会沟通的人。

（二）热情的态度

民航服务人员对每一位旅客都要一视同仁，面对旅客应主动问候、主动沟通，这是和旅客进行良好沟通的开始。而热情的微笑，起着润滑剂的作用，它能使紧张的关系变得轻松。面对真诚的笑脸时，旅客可以得到抚慰，可以暂时获得宁静，心情能得到舒缓。热情就是要把旅客看作亲人，以对待亲人般的情怀去体察不同旅客的心。

（三）体谅

体谅包含"体谅对方"与"表达自我"两个方面。体谅是指设身处地为人着想，并且体会对方的感受与需要。我们想对他人表示体谅与关心，唯有设身处地地为对方着想，才能真正达到此目的。由于我们的理解与尊重，对方也能体会到我们的心意，因而会做出积极而合适的回应。

民航服务人员会接触到各种类型的旅客，有的文雅礼貌、举止文明；有的语言粗暴、行为古怪。我们应尽量去体谅旅客，多一分宽容和耐心，就会多些机会与旅客建立和谐的人际关系。

（四）适当地提示对方

产生矛盾与误会时，如果是由于对方一时忘记，我们的提示正可使对方信守承诺；反之，若是对方有意食言，提示就代表我们并未忘记此事，并且希望对方信守诺言。

（五）有效地直接告诉对方

一位知名的谈判专家在分享他成功的谈判经验时说道："我在各个国际商谈场合中，时常会以'我觉得'（说出自己的感受）、'我希望'（说出自己的要求或期望）为开端，结果常会令人满意。"其实，这种行为就是直言不讳地告诉对方我们的要求与感受。有效地直接告诉对方我们想要表达的内容，将会帮助我们建立良好的人际关系。但要切记"三不谈"：时间不恰当不谈、气氛不恰当不谈、对象不恰当不谈。

（六）善于询问与倾听

询问与倾听的行为，是用来控制自己的，让自己不要为了维护权利而侵犯他人。尤其是在对方退缩、默不作声或欲言又止的时候，民航服务人员可用询问的方式引出对方真正的想法，了解对方的立场以及对方的需要、愿望、意见与感受，并且运用积极倾听的方式，来引导对方发表意见，进而使对方对自己产生好感。

思考与练习▼

1. 常用的沟通方式有哪些？

2. 有效沟通的行为法则是什么？

任务二
应对服务中的沟通障碍

任务单 ▼

名称	内容	备注
任务目标	了解民航服务过程中常见的沟通障碍类型； 提升自己应对常见沟通障碍的技巧； 能够运用沟通技巧化解常见沟通障碍； 巧用沟通技巧预防在民航服务过程中潜在的沟通障碍； 提升自己在民航服务过程中的沟通能力与素养； 增强自己在民航服务过程中主动积极沟通的意识。	
任务要点	沟通的障碍； 有效沟通的要点。	
任务实施	学习前查阅相关知识点； 学习中积极参加课堂互动； 学习后巩固所学知识点，完成课后任务。	
任务运用	在民航服务中，我们往往会遇到各种沟通障碍，这可能包括语言障碍、文化差异或对非语言信息的误读等。为了解决这些问题，我们需要学会正确识别沟通障碍的类型，并运用适当的策略来应对。例如，我们可以通过改善我们的听力技巧、提高语言清晰度或学习更多的文化知识来减少沟通障碍，从而能够更有效地提供服务，确保乘客的舒适和安全。	
任务反思	本任务让我明白了在民航服务中，识别和解决沟通障碍的重要性。学习了多种应对策略后，我更有信心处理各种复杂情境。未来我将更注重耐心倾听和有效表达，以减少误解并提供优质的服务。	

知识探究 ▼

沟通障碍是指在人际交往、团体成员交流过程中，意见、信息传递有困难。在民航服务过程中，民航服务人员与旅客之间由于语言、文化、个性特征、社会角色等方面的差异会出现许多沟通问题，这可能引发沟通障碍甚至导致沟通失败。如何克服这些障碍，提高民航服务水平，为旅客提供优质的服务，是民航服务人员应该思考和努力的方面。

一、民航服务中常见的沟通障碍类型

民航服务工作中主要包括如下六种常见的沟通障碍。

（一）个性品质差异障碍

个性品质差异较大者是难以沟通的。例如，善用抽象思维的人与善用形象思维的人彼此之间交流信息就可能发生障碍。即使其他个性品质相似，但若具有下列个性品质：自私自利、不尊重人、猜疑心重、报复心强、自卑心强、孤独、固执等，双方也不一定能顺利沟通。民航旅客容易相信热情善良、态度诚恳的民航服务人员，而不愿轻信那些不尊重人、服务态度冷淡的服务人员。

（二）情绪情感障碍

人与人之间的情感距离远近会直接影响沟通是否顺畅和效果好坏。情感亲近、关系融洽，沟通就容易进行；反之，情感疏远，双方就容易产生逆反心理，沟通就难以有好的效果，甚至难以进行。一名民航服务人员如果不被旅客所接受，那么他是很难与旅客进行良好沟通的。民航服务人员在与旅客沟通时，要注意掌握好情绪反应的尺度，不要过于热情或反应冷淡；也不要与他人情绪反应不同，如旅客伤心时，服务人员却觉得有趣；更不能暴怒，使自己因不能控制情绪而与旅客发生争执和冲突。

（三）角色地位障碍

工作只有分工不同，而没有高低贵贱之分。但在实际生活中仍有人对服务工作持轻视态度。有人认为民航服务人员不过是伺候人的工作人员，所以对他们吆五喝六，指手画脚，或者仗着自身的优势，不尊重民航服务人员，甚至为难他们。当然也有的民航服务人员觉得自己是百里挑一被选上来的，因而自恃清高，态度高傲，对旅客缺乏热情和耐心，让旅客难以接近。这些都会造成双方沟通的障碍。

（四）文化背景障碍

不同的人群有不同的文化传统、习惯和沟通模式，因而，有不同传统、习惯的人容易产生沟通障碍。同样的语言、同样的手势，在不同文化背景下的含义会完全不同。例如，在西方，直呼其名表示的是亲密、随意与平等，但是在东方国家则可能被认为是不尊重人。竖拇指在不同的国家也有不同的含义。在美国和欧洲部分地区，竖拇指通常用来表示搭车；在尼日利亚这种手势被认为是侮辱性的手势；在澳大利亚竖拇指则表示骂人；在中国竖起拇指表示称赞、夸奖。由于语言、文化和礼节的不同，国际环境中的信息沟通显得尤为棘手。如果沟通双方的文化程度相差很大，也容易出现沟通障碍。文化程度低的人可能会听不懂文化程度高的人表达的信息；而文化程度高的人又可能不容易接受文化程度低的人的表达方式，这会让彼此难以接受对方而形成沟通障碍。

（五）语言障碍

语言是人与人之间沟通、交流思想的主要工具，是用以表达思想的符号系统。由于人们的语言修养有很大差异，所以，同样一种思想，有的人能表达得很清楚，有的人则不能表达清楚。如果民航服务人员不能清楚、准确地表达相关信息，让旅客感到不知所云，或者理解错误，就会影响沟通效果。在语言的理解上，有的人理解能力强，就能很好地理解别人话语的意义，而有的人却容易对别人的话语产生误解。

在语言种类的使用方面，国内航线都要求使用标准的普通话，全国也推广普通话，目的就是减少语言交流的障碍。调查表明，在我国主要的国际航线中，有43%左右的国际民航旅客希望服务人员用英语沟通。随着国际经济、文化、贸易往来的频繁，国内航线也增加了一些对其他语种的需要。

（六）态度障碍

在人际交往中，态度的不同，也会成为双方沟通的障碍。在民航服务工作中，如果民航服务人员缺乏正确的服务理念，就会出现冷漠、怠慢等不良的服务态度，从而引起民航旅客的不满。

二、民航服务工作中常见沟通障碍的应对技巧

要做好民航服务工作，应掌握如下五大类应对沟通障碍的技巧。

（一）了解民航旅客

了解是沟通的前提。民航服务人员在与旅客沟通时，不要盲目行事，要在对民航旅客有一定了解之后才能进行。

1. 了解民航旅客的个性特点和当前心境

民航服务人员了解了民航旅客的个性，才能确定正确的沟通方式和策略。例如，对脾气急躁的旅客，民航服务人员就不能着急，不能"火上浇油"，而要以柔克刚。了解了民航旅客的心境，才能抓住最有利的沟通时机。民航旅客在心绪不宁时，是无法集中精力考虑问题的，民航服务人员可以先安抚旅客情绪，再与之沟通；民航旅客若刚刚遭受了挫折，很可能对这时出现在自己面前的人没有好态度，这时民航服务人员就不要急着与旅客沟通，而是要等待其情绪缓解一些时再与之沟通。

2. 了解民航旅客所持的观点、意见和态度

沟通的过程也就是寻找双方共同点的过程。这就需要民航服务人员了解和知晓旅客的观点、意见和态度，否则，沟通就不能解决问题。同时，因为民航服务人员的目的是为旅客提供满意的服务，所以要从服务对象的角度出发，多为旅客着想，才能使沟通更加顺利地进行。

3. 了解民航旅客的思维方式

如果民航旅客属于冷静沉着型，精于逻辑思维，民航服务人员在与之沟通时就应该条理分明地逐步展开自己的观点；如果民航旅客属于热情有余而沉稳不足型，民航服务人员就应该尽量在很短的时间内抛出自己的主题，以免对方听错或没有耐心听下去；如果民航旅客属于想象力丰富型，民航服务人员就要尽量注意自己话语的精准性，不要让对方引发无谓的想象。

（二）正确使用身体语言

身体语言沟通是通过动态无声的目光、表情、手势语言等身体动作，或者是静态无声的身体姿势、空间距离及衣着打扮等来实现沟通。在民航服务工作中，民航服务人员要想与旅客进行顺利而良好的沟通，就要提高自己有效使用身体语言的能力。从体态上来看，笔直的站姿，会让旅客感觉到民航服务人员良好的职业素质，若是双肩下垂、耷拉脑袋、脚乱蹭地面，会让旅客感觉到民航服务人员消极的服务态度。从表情上来看，民航服务人员要努力始终面带真诚的微笑。微笑是人际交往的通行证，微笑是一种令人愉快的表情，是一个人乐观自信和沉着冷静的表现。微笑可让旅客感觉到友善和亲切，对民航服务人员产生好感，乐意与其交往，使民航服务人员获得好的人

缘。从目光来看，民航服务人员要保持与旅客的目光接触，把表示赞赏和真诚的情感传达给旅客。总之，民航服务人员要以恰当的身体语言将自己积极的、热情的态度传递给旅客，以避免与旅客在沟通中产生不必要的矛盾。

（三）熟练掌握语言技巧

民航服务人员在与旅客沟通交流的过程中，要熟练地掌握语言技巧。一方面，要注意遣词造句；另一方面，说话时要注意语音、语气和语调等。一般来讲，温柔的声音给人以温和感，表达的是爱与友善；强硬的语气给人以压迫感，表达的是憎恶与厌烦；声音洪亮、中气十足给人以跳跃感，表达的是喜欢；粗重的呼吸和声音给人以震慑感，表达的是愤怒和威吓等。尤其面对不配合的民航旅客，民航服务人员要特别注意自己说话的语气、语调，不要伤及他们的自尊心。即使旅客有错在先，民航服务人员也要注意沟通技巧，用诚意打动他。总之，民航服务人员熟练掌握语言技巧不仅可以避免很多沟通障碍，也可以化解很多沟通时产生的误会，使障碍得以消除。

（四）培养"三诚"

在沟通时需要"三诚"，即诚心、诚恳、诚实。沟通倡导"以对方为中心"和"同理心"，甚至通过模仿对方的行为，进而引导对方。其实在现实社会中如果太过刻意，用所谓沟通技巧与人沟通，很容易会被有经验和阅历的人看穿。要把所谓沟通技巧与自己融为一体非常困难，这就像有的时候穿一件不合身的西服，怎么看怎么别扭。因此自我修炼比技巧更重要，自我修炼是修炼一种品质，而不是某些技巧，因此要从三个方面来修炼。

1. 诚心

有句古话："诚于内而形于外。"诚心，就是说要有一颗正直、诚实的心。这种诚心，旅客是可以从表情、声音等外在表现感觉到的，无形中可以使旅客更快地接受你，使沟通更顺畅。做到有诚心，旅客认可了你，才谈得上"以对方为中心"，才使得沟通有一个

小贴士▼

使人赞同你的十二种方法

1. 赢得辩论的唯一方法是避免辩论。

2. 尊重别人的意见，不要指责别人的错误。

3. 如果你错了，迅速坦诚地承认。

4. 用友善的方法开始。

5. 使对方立刻说"是，是"。

6. 使对方多多说话。

7. 使对方觉得那是他的主意。

8. 真诚地从对方的观点来看待事情。

9. 理解别人的想法和愿望。

10. 激发人们高尚的动机。

11. 戏剧化地表现你的想法。

12. 提出一项有意义的挑战。

好的基础。

2. 诚恳

诚恳是一种态度。我们用什么样的态度来对待别人，别人就会用什么样的态度来对待我们。因此我们要在不同的对象、不同的环境下都保持诚恳的态度。要发自内心地对别人真正感兴趣，要有一种观念，即每个人都是我的老师，我能从别人身上学到很多东西。在沟通的过程中还要善于找到话题，这些话题可以是有关新闻、天气的，也可以是有关机场、客舱环境的等。在沟通的时候，还要严于律己。一般来说，人们对自己最感兴趣，每个人都喜欢表达自己，想发表自己的见解和想法，这就需要民航服务人员严格自律，少说自己的事情，以旅客为中心。最后，在沟通时不要经常打断旅客，要做到耐心而专注地倾听。所有的这些在别人看来就是诚恳的态度，不加掩饰的诚恳的态度是沟通的利器。

3. 诚实

诚实是说话的原则，在与旅客沟通的时候，要不断地修炼自己的品质，在沟通的过程中以对方为中心，用诚实的态度为旅客解决问题，这样才能消除沟通中的障碍，化解误会和矛盾，以达成共识，从而达到良好沟通的目的。

（五）努力学习，提升自己的知识与能力

前面提到过，民航服务人员与旅客沟通障碍的产生，其中有两个重要的原因是文化背景和语言障碍。要克服和消除这些障碍，需要民航服务人员不断地学习，掌握相关的知识和技能，如掌握标准而流利的普通话和外语，有丰富的知识面、良好的口才等。民航服务人员有了广博的知识，掌握了精湛的服务技能，与民航旅客沟通时就会得心应手。

思考与练习 ▼

1. 民航服务中常见的沟通障碍有哪些？

2. 民航服务人员如何尽力去避免沟通障碍或者消除这些障碍？

任务三
优化民航服务中的沟通策略

任务单▼

名称	内容	备注
任务目标	掌握民航服务过程中的沟通策略； 了解民航服务中语言沟通艺术的案例； 了解肢体语言在不同文化中的意义； 识别在民航服务过程中需要使用的常见民航服务沟通技巧； 能够正确借助于肢体语言提升自己的沟通效率； 能够利用所学的沟通技巧化解民航服务过程中遇到的各类突发情况； 增强注重高效沟通的意识； 能够将沟通技巧运用在自己实际的工作与生活中； 接纳沟通之于心理学的重要意义。	
任务要点	沟通的策略。	
任务实施	学习前查阅相关知识点； 学习中积极参加课堂互动； 学习后巩固所学知识点，完成课后任务。	
任务运用	在民航服务中，艺术性语言和身体语言的运用是沟通策略的核心。学会用合适的词语表达，可以让旅客感受到被尊重和被理解；合适的身体语言可以传达出我们的专业和热情。通过学习本任务，我们可以掌握如何用温暖、友好的语言和非语言方式与旅客沟通，增强他们的舒适度和安全感，从而提升服务质量。	
任务反思	学习本任务让我认识到，良好的沟通不仅是说合适的话，还包括使用恰当的身体语言。理解并掌握这些策略将有助于我在未来的工作中建立更好的客户关系，提高服务质量。我期待将所学应用到实际工作中，为旅客提供更优质的服务。	

知识探究▼

　　沟通是人类行为的基础。沟通是人们获取信息并在其指导下更加出色地进行工作的核心过程。但是，我们在交流沟通时，若想准确传达出我们的愿望或对某事是否持赞同的态度，就需要讲究沟通的策略和技巧。一名民航服务人员，要顺利完成服务工作，并为旅客提供优质服务，在与旅客交流、沟通时，不仅要把自己的思维整理得井然有序，并适当地表达出来，使旅客一听就懂，而且要使其深入人心。

一、民航服务的沟通策略

在民航服务工作中，一般有四大沟通策略。

（一）倾听

心理学家认为，在沟通过程中，80% 的时间应该是倾听，其余 20% 的时间是说话。所以最佳的方法是不断地让对方发言，越保持倾听越握有控制权。而在 20% 的说话时间中，提问又占了 80% 的时间，以提问而言，越简单明确越好，答案非是即否，并以友好的态度和缓和的语调表达，那么一般人的接受程度都极高。在民航服务过程中，民航服务人员要耐心地倾听旅客说话，并且在倾听时要避免以下现象：轻易打断旅客说话；一味用"嗯……""是……"表示认同旅客。注意不要打断他人的话，等到他人停止发言时，再发表自己的意见。

（二）沟通时不要指出对方的错误

若你沟通的目的是不断证明别人的错误，则不可能实现良好的沟通。在现实中，我们经常会看到这样一种人：自认为自己什么都是对的，且不断地去证明，但十分不讨喜。因此，民航服务人员不妨先肯定与自己沟通的旅客的立场，同时引导旅客以另一种角度来看待事情，由旅客自己决定什么是对的什么是错的。因为一般的事无所谓对错，只是适不适合自己而已，沟通的道理亦同。

（三）表达不同意见时，用"很赞同……同时……"的模式

民航服务人员在与旅客沟通时，如果并不赞同对方的想法，那么还是要仔细倾听对方话语中的真正意思。若要表达不同的意见，不应该说"你这样说是没错，但我认为……"，而应该说"我很感激您的意见，我觉得这样非常好；同时，我有另一种看法，我们来一起研究下，到底什么方法对彼此都好……"，或者是"我赞同你的观点，同时……"。也不要用"可是……""但是……"的句式，因为这样的句式很可能会中断沟通。优秀的沟通者都有方法"进入对方的频道"，让对方喜欢自己，从而获得对方的信任，表达的意见也易被对方采纳。

（四）妥善运用沟通的三大要素

人与人面对面沟通的三大要素是文字、声音及肢体语言。行为科学家经

过 60 多年的研究发现，面对面沟通时，三大要素影响力的比例分别是文字占 7%，声音占 38%，肢体语言占 55%。一般人常强调说话的内容，却忽略了声音和肢体语言的重要性。其实，沟通便是要达到一致以及"进入对方的频道"，即你的声音和肢体语言要让对方感觉到你所讲的和所想的是一致的，否则，对方将无法接收到正确的信息。因此，民航服务人员在与旅客沟通时应不断练习使文字、声音、肢体语言保持一致。

二、民航服务中的语言沟通艺术

对于民航服务人员来说，语言艺术在服务工作中是基础性的，也是最重要的。语言得体、谈吐文雅、语调平稳，能使旅客"闻言三分暖"，觉得格外亲切。民航服务人员要做好服务工作，就要学好服务语言，掌握语言艺术，用礼貌、幽默的语言与旅客交谈，并用含蓄、委婉的语言代替禁用的语言。

（一）服务语言的艺术化

服务语言是民航服务人员素质和服务艺术的最直接体现，语言表达是民航服务人员的基本技能。在民航服务工作中，对服务语言的应用，会给服务工作带来不同的结果。一句动听、富有艺术性的话，会给航空公司带来很多回头客，而一句让民航旅客不满意的话，很可能就会使航空公司从此失去一名或多名民航旅客。

服务语言是民航旅客对服务质量进行评价的重要标准。民航服务人员在服务过程中，语言适当、得体、清晰、纯正、悦耳，会使民航旅客有柔和、愉快、亲切之感，对服务工作产生良好的反应；反之，服务语言"不中听"，生硬、唐突、刺耳，民航旅客会难以接受。强烈的语言刺激，还会引起民航旅客的不满与投诉，严重影响航空公司的声誉。

> **小贴士▼**
>
> **艺术性的礼貌服务用语要求**
>
> 1. 语调要柔和、清晰、准确、纯正、悦耳。
> 2. 语言要言简意赅。
> 3. 语言要与表情一致。
> 4. 语言要与动作一致，人若满腔热情，说话时便会不由自主地加上动作，做动作时也会自然而然地伴随着语言。

民航服务语言与讲课、演讲的语言以及人与人交往中一般的礼貌用语是有很大差别的。民航服务人员使用民航服务语言时，要在标准化的服务用语基础上，通过调整措辞、速度、语调、表情，使语言表达得准确清晰，充满挚情善意，富有感染力和说服力，显示出自己的知识素养和文明服务水平，从而使旅客感到轻松自如。

民航服务人员在为旅客服务时，应尽量在自己说话时辅以适当的表情和动作，并使这三者保持一致；以饱满的热情，拿出最佳状态，使服务取得最好的效果。

（二）常用艺术性服务语言

在民航服务工作中，常用的艺术服务语言一般分为如下七类。

1. 称谓语

例如，先生、夫人、太太、女士、大姐、阿姨、同志、师傅、老师、大哥等。对于这类语言的处理，要求恰如其分，清楚、亲切，在拿不准的情况下，一般对男性称先生，女性称女士，注意灵活变通。

2. 问候语

例如，先生，您好！先生，早上好！先生，中午好！先生，晚上好！先生，新年好！对于这类语言的处理，要求注意时空感，避免让人听起来感到单调、乏味。例如，春节时如果向客人说一声"先生，新年好"，就强化了节日的气氛。此外，问候还应该把握好时机。一般在他人离自己1.5米的时候进行问候最为合适。

3. 征询语

征询语确切地说就是征求意见或询问时的用语。例如，"先生，您有什么需要吗？"使用征询语往往也是民航服务的一项重要程序，征询语运用不当，会使旅客感觉不愉快。

民航服务人员使用这类语言时要注意以下几点。一要注意旅客的肢体语言。例如，当旅客东张西望的时候、从座位上站起来的时候或招手的时候，都是在用自己的肢体语言表示他有想法或者有要求了。这时民航服务人员应该立即走过去说："先生（女士），请问我能帮助您做点什么吗？""先生（女士），您有什么需要吗？"二要用协商的口吻。经常将"这样可不可以""您还满意吗"之类的征询语加在句末显得更加谦恭，民航服务工作也更容易得到旅客的支持。民航服务人员应该把征询当作服务的一个程序，先征询意见，得到旅客同意后再行动，不要自作主张。

4. 拒绝语

当民航服务人员需要拒绝旅客时，最好采用委婉、温和的方式表示拒绝。必要时，可以真诚地向旅客解释不能答应其要求的原因，以寻求旅客的理解。

例如，"您好，您的想法我们理解，但恐怕这样会违反规定，给旅客安全带来影响，谢谢您的合作。"使用拒绝语时要注意：一般应该先肯定，后否定；语气要委婉，不要简单拒绝。

5. 指示语

例如，"先生，请一直往前走！""先生，请随我来！"民航服务人员使用这类语言时，一要避免命令式的语言。命令式的语言，会让旅客感到很尴尬，很不高兴，甚至会与民航服务人员吵起来。如果民航服务人员说"先生您有什么事？我来帮您。您在座位上稍坐下，我马上就来好吗"，可能效果就会好得多。二要配合手势。有的民航服务人员在遇到旅客询问地址时，仅用简单的语言指示，甚至挥挥手、努努嘴，这是很不礼貌的。正确的做法是运用明确和客气的指示语，并辅以远端手势、近端手势或者下端手势，在一些情况下，还要主动地走在前面给旅客带路。

6. 答谢语

例如，"谢谢您的好意！""谢谢您的合作！""谢谢您的夸奖！""谢谢您的帮助！"一般在旅客表扬、帮忙或者提意见的时候，都要使用答谢语。哪怕民航旅客提出不合理、不正确的意见时，也不要去争辩，而是要表示感谢："好的，谢谢您的好意！"或者"谢谢您的提醒！"旅客有时高兴了夸奖民航服务人员几句，民航服务人员也不能自高自大，无动于衷，而应该马上用答谢语给予回答。

7. 提醒道歉语

例如，"对不起，打扰一下！""对不起，让您久等了！""请原谅，这是我的错。""对不起，机组没有医生，这就为您广播找医生。"提醒道歉语是民航服务语言的重要组成部分，使用得好，会使旅客感受到被尊重，并给旅客留下良好的印象。同时，使用提醒道歉语又是一项必要的民航服务程序，缺少了这一程序，服务往往会出现问题。

三、民航服务中身体语言的沟通

身体语言沟通，是人们进行信息沟通的一种主要形式。它所提供的信息对沟通过程和沟通结果会产生深刻的影响。身体语言沟通作为非语言沟通，在民航服务人员与旅客的沟通中发挥着重要的作用。

（一）目光接触

目光接触是指人际关系中由视线的交汇而引发的一种非语言交流形式。眼神在非语言沟通中运用很广泛，它在非语言行为中自成一体。我们常说的"眼睛是心灵的窗户""眉目传情"说明了目光接触在交流中的重要作用。

在沟通中，目光接触是一种极为重要的手段。几乎在所有的社会互动中，目光接触都能传递信息。它可以作为一种认识手段。例如，直接的目光接触表明倾听者对说话者十分感兴趣；它可以控制、调整沟通者之间的互动；它可以用来表达感情。从一个人的眼神中可以看出他在沟通情境中的兴奋和进入程度；它也可以用来作为提示、告诫以及监控的手段，人们交谈的时候往往通过目光接触来了解自己的话语对他人的影响如何，也同样表示自己正在认真倾听。民航服务人员在与旅客沟通的过程中，应该注意，双方目光接触的累积时间应占全部时间的50%以上。从目光接触的部位来看，被注视的部位应该是倒三角部位（两眼以下至全嘴），这才自然而不失礼貌。目光接触时，还应该注意要真诚、热情。

相关链接 ▼

眼神里的心理学

眼睛是心灵之窗，心灵是眼睛之源。在眼球后方的感光灵敏的视网膜含有1.37亿个细胞，将接收到的信息传送至大脑。这些感光细胞，在任何时间均可同时处理150万条信息。这就说明，即使是转瞬即逝的眼神也能传递出千万条信息，表达丰富的情感和意向，泄露心底深处的秘密。所以，眼球的转动，眼皮的张合，视线的转移速度和方向，眼与头部动作的配合，所产生的奇妙复杂的眉目语都在传递着信息。

现代研究发现：眼睛是大脑神经系统功能在眼眶里的延伸，眼球底部有三级神经元，就像大脑皮质细胞一样，具有分析、综合能力，而瞳孔的变化、眼球的活动等，又直接受脑神经的支配，所以人的感情自然就能从眼睛中透露出来。瞳孔的变化是人不能自主控制的，瞳孔的放大和收缩，真实地反映着复杂多变的心理活动。若一个人感到愉悦、喜爱、兴奋时，他的瞳孔就会比平常大四倍；相反，产生生气、讨厌、消极的情绪时，他的瞳孔会收缩得很小；瞳孔不变化，表示他对所看到的物体漠不关心或者感到无聊。事实上，通过眼神来传情达意，是一种普遍的心理现象。用眼神传递情意，在两性关系中尤为突出。古时候，当两性相爱时，可以用眼神来表达对相爱的人的情意。当今，使用的词语更丰富，如"含情脉脉""眉目传情""一见钟情"等。因此，眼神虽不是有声语言，却恰似包含千言万语。青年恋人，有着深邃的目光，从中相互窥探、会意对方内心深处的奥秘。正如古罗马诗人奥维特所说："沉默的眼光中，常有声音和话语。"

（二）手势

在人类非语言沟通中，手势起着非常重要的作用。它有时可以代替语言；有时可以用来强调某一问题；有时还可以给说话者提供缓解紧张的机会，也就是说手势象征着说话者的情绪状态。例如，当两个国籍不同、语言相异的人沟通时，他们往往会借助于手势表达自己的意思。

与对方语言不同，想要更加充分表达自己的感情，加强语言的表达效果时，合适的肢体语言是非常有魅力而且实用的。它不但能让对方感觉到我们谈吐恰当，而且能回馈给对方自己正在积极、认真倾听的信息。这会给对方带来激情，从而为或许并不流畅的沟通带来良好的转机。

其实，在日常生活当中，很多人都有使用肢体语言的习惯，如紧张时搓动双手，疲劳时按揉太阳穴，不安时来回走动，想要反击他人时双臂交叉于胸前……运用肢体语言，可以让别人从我们身上读出相应的感受、情绪及态度，从而调整与我们沟通的模式。

所以，善于沟通的人要会动口，还要学会"动手"，如此我们内心的想法才能更好地被表达出来，进而沟通效果才会加强。

只不过，如同故事中所讲，不同的肢体语言有不同的含义，有着不同文化背景的人对同一种肢体语言的理解也不同。善于沟通的人会掌握这些不同，并灵活恰当地应用这些不同，使沟通顺利进行。我们对一个巴西人做握拳、夹手指的动作是赞美，是祝福，可是若对俄罗斯人做相同的动作，就变成侮辱了。这不但达不到良好沟通的效果，还很有可能加大双方的隔阂。

因此，要想正确使用肢体语言，我们还需要花点时间，用点心思，多了解一些国内、国外经常使用的肢体语言。在与对方沟通时，我们还需要了解对方的文化背景，确定对对方使用肢体语言的禁忌。唯有这样，肢体语言才可能有助于我们沟通。

（三）体态

体态指的是运动性体态。一个人的体态动作往往反映着这个人对他人所持的态度。例如，在交谈中，一方有打哈欠、看手表等动作，就意味着这个人有一定程度的厌烦情绪。见面时，一方伸手，另一方紧随，双方适度握手，表示友好和诚意；如果一方伸手，而另一方动作缓慢，且稍稍一碰就收回，则表示另一方态度消极、冷淡。民航服务人员和旅客站在一起时，要注意观察旅客双脚所指的方向。因为从心理学角度来说，当一个人想要结束这段对话时，其脚尖就会不自觉地指向他要离去的方向。如果两人意见不一致，他们就会不经意地转过身去，表示不悦。

（四）面部表情

面部表情是最常用的也是最为有效的非语言沟通方式。人的面部的数十块肌肉，可以做出上百种不同的表情，能准确地传达出各种不同的情感状态。表情可以有效地表现肯定与否定、接纳与拒绝、积极与消极、强烈与轻微等各种情感。人们可以通过表情来表达各种情感，也可以通过表情来表达对别人的兴趣；可以通过表情来表示对一件事情的理解程度，也可以通过表情表达自己的明确判断。在民航服务工作中，民航服务人员要善于观察、判断旅客的面部表情，了解旅客的情绪反应，为民航旅客提供满意的服务。

（五）服饰

曾经，衣着服饰能够反映人们的政治、经济地位，但随着社会的进步和经济的发展，服饰的这一作用已逐渐退化了。现在，服饰主要体现人们的职业、个性和即时活动的内容等。利用现代服饰的这一功能，在民航服务过程中，民航服务人员可以通过服饰了解对方的职业和个性以及即时的心情，将服饰作为选择沟通方式的重要依据，以促进沟通的顺利进行。

（六）空间距离

空间距离是身体语言沟通的另一个比较重要的方面。人们在进行人际沟通时，需要保持一定的距离，这个距离因双方的关系、当时的心情、交往双方的个性等远近不一。但每一个人都需要一个个体空间，如果这个个体空间受到侵犯，个体就会感到焦虑和不安。

（七）辅助语言和类语言

在人们的沟通过程中，辅助语言和类语言起着十分重要的作用。辅助语言，包括声音的音调、音量、节奏、变音转调、停顿、沉默等。而类语言，则是指那些人们发出的无固定意义的声音，如呻吟、叹息等。在人们的沟通过程中，一个人怎么说，往往比他说些什么更为重要。我们往往单凭声调就能准确地判断出说话者的性别、年龄、精力、热情程度以及说话者来自哪一地区，甚至还能据此判断一个人的社会角色、情绪状态等。在民航服务过程中，民航服务人员要努力做到准确识别旅客的辅助语言和类语言，掌握常见的情绪及与之相对应的身体语言，并使用好辅助语言和类语言以提高自己的沟通能力，提高服务水平（表8-1）。

小贴士▼

交际高手的谈话艺术

1. 善于运用礼貌性语言。

2. 不要忘记谈话的目的。

3. 要耐心地倾听谈话，并表示出兴趣。

4. 应善于回应对方的感受。

5. 应善于使自己等同于对方。

6. 应善于观察对方的气质和性格。

7. 应善于观察对方的眼睛。

8. 应力戒先入为主。

9. 要消除对方的迎合心理。

10. 要善于选择谈话机会。

表8-1 常见的情绪及与之相对应的身体语言

常见情绪	身体语言
紧张或害怕	睁大眼睛、好动、回避目光接触、手乱动
愤怒或受挫	皱眉、瞪眼、表情严肃、走路很快、来回踱步、握拳
急躁	叹气、点头、走来走去、跺脚
悲伤	哭泣、皱眉、耸肩
不知所措	挠头、皱眉、摆手
撒谎	避免目光接触、以手掩口
怀疑	摇头、睁大眼睛
心不在焉	没有目光接触、四下张望
厌倦	叹气、脑袋乱动
窘迫	回避目光接触、咬嘴唇、咬手指、挪动身体、拉扯衣服
幸福或快乐	张嘴、睁大眼睛、张开双手、微笑
兴奋和惊奇	头部后仰、嘴巴微张、眉毛上扬
轻松或舒适	表情愉悦、双肩放松、跷起腿
思考	以手托腮、皱眉
自信	身体挺直、有目光接触、抬头、快走、微笑、肩部放松

（资料来源：张澜.民航服务心理与实务.北京：旅游教育出版社，2007。）

思考与练习▼

1. 在民航服务中，需要运用哪些沟通策略？
2. 民航服务人员如何利用身体语言实现与旅客的良好沟通？

■评价与反思■

在这一项目中，我们通过"你画我猜"这一趣味性和互动性极强的活动，深入探讨了沟通的本质。学生通过这一活动有机会亲身体验和实践非言语沟通的方式，明白除了语言，还有很多其他方式可以传达信息和情感。

我们发现，非语言沟通不仅可以传递信息，还可以表达情绪、态度和个体之间的关系。通过画图这一简单的方式，学生学会了如何用简洁明了的方式表达复杂的概念和情感。

但同时，我们也意识到非语言沟通的局限性，它依赖共同的理解和背景知识，有时可能会引起误解。因此，在实际沟通中，我们需要学会灵活运用各种沟通方式，以进行更有效和高效的沟通。

总的来说，通过这一项目的学习，学生不仅可以提高沟通技巧，还能增强团队合作能力和创造力。学生可以将在这一项目中学到的知识应用于实际生活，成为沟通高手。

■学习评价单■

项目		分值	学生自评	教师评分
知识掌握	1.掌握沟通的概念； 2.能够列举三种以上沟通技巧； 3.能举例说明民航服务过程中常见的沟通障碍。	30		
能力运用	1.能够识别在不同文化中常见的肢体语言的意义； 2.利用沟通技巧化解民航服务过程中的沟通障碍； 3.能提前使用沟通技巧有效传递信息，避免出现沟通不畅的情况。	30		
素质提升	1.能够将沟通技巧贯穿于自己的学习、工作、生活中； 2.有意识地训练自己的沟通技巧。	30		
总结	请简要总结本项目学习的心得体会，包括学习成果、存在的问题和改进措施等。	10		

- 学习有效策略
- 处理冲突与投诉

提升素养，服务旅客

项目九　学习有效策略

▪项目导入▪

　　嗨，亲爱的未来的民航专家们！我们正处于一个瞬息万变、充满无限可能的时代，其中最激动人心的部分之一就是我们可以通过各种方式去探索这个奇妙的世界。而在这次探索中，我们将深入研究民航各岗位的服务心理与策略。我们将从电话订座与售票处开始我们的探究之旅，深入探讨民航旅客的订票心理，为我们的民航职业之路铺设坚实的基础。而后，我们会一步步走过值机处、候机室、行李查询处，揭开每一个岗位背后的心理学奥秘，洞悉服务行业的每一个细节。当然，我们不只停留在地面服务。准备好你的托盘和微笑，因为我们还将飞向云端，深入探讨空中服务的心理与策略。在那里，我们将解锁在千米高空为旅客提供优质服务的秘诀。而在我们的旅程结束时，我们还将走进民航宾馆、餐厅和商场，深入研究旅客在这些地方的心理需要和为他们服务的策略，成为服务行业真正的"全能王"！

　　我们一起学习如何捕捉和满足每一位旅客的心理需求，使每一次旅程都变得无比顺畅和愉快。带上你的热情和好奇心，我们一起启航吧！

▪心理沙龙▪

　　活动名称：服务场景模拟

　　活动目的：

　　1. 体验不同服务场景下的心理状态和挑战；

　　2. 学习用心理学原理来提升服务质量；

　　3. 加强对服务策略的理解和实践。

　　活动准备：

　　1. 角色分配：民航服务人员（如票务人员、值机人员、行李查询人员、空乘人员），旅客和观察者。

　　2. 环境布置：模拟不同的服务场景，如电话订票处、售票处、值机柜台、行李查询处和飞机客舱。

3. 道具：电话、机票、行李标签、登机牌、服务台等。

4. 剧本：以小组为单位根据所分配工作岗位写一个与工作场景相关的剧本。

活动步骤：

1. 教师介绍每个服务场景的特点和常见问题，让学生了解不同场景下的服务心理和策略。

2. 每组根据所分配的服务场景进行模拟。

3. 每组进行角色分配，并准备模拟服务过程。

4. 模拟开始，服务人员根据场景要求提供相应的服务，旅客则提出各种问题和需要。

5. 模拟结束后，其他学生作为观察者对服务过程进行评价，讨论服务人员的表现、心理应对策略的有效性及改进建议。

6. 教师对每组的表现进行点评，引导学生思考如何更好地运用心理学原理来提升服务质量。

7. 学生根据反馈再次进行模拟，尝试应用新的服务策略。

通过这个活动，学生可以在模拟的环境中学习和体验服务心理与策略，提高实际操作能力和处理问题的能力。此外，这个活动还能增进学生对服务行业的理解和尊重，为将来的职业生涯打下坚实的基础。

情境再现 ▶▶ **想旅客之所想，忧旅客之所忧——川航行李室服务至上**

2月7日（大年初一）下班时，四川航空公司地面服务部行李室值班主任小曾准备回家过年，突然想到行李查询人员提到在2月5日的航班中，少收行李中有一件是来自自贡市富顺的，但给旅客打电话又打不通，所以运送的事情一直没确定好。她考虑到这件行李是旅客急需的，再加上从成都运送这件行李要700元左右的费用，正好自己回家就可以顺便将这件行李给旅客送去，这样既解决了旅客的困难又可以为公司节约费用。

于是，在取得科室副经理的同意后，小曾将这件行李贴好封条，挂上锁扣，带上相关单据，提着这件行李踏上了回家的路。一路上她不断地联系旅客，可到了自贡旅客的电话依然打不通，难道这件行李就只能又带回成都吗？功夫不负有心人，19：30，小曾正在和家人吃团圆饭的时候，电话响了，对方说她就是行李的主人，真是个好消息。小曾马上核实了旅客的情况，本想第二天送到旅客住处，可问题又出现了，旅客说今晚必须拿到行李，明天就离开富顺了。富顺离自贡市区有50多千米的车程，小曾没来得及和家人吃完团圆饭，马上带上行李打车赶往富顺。一个多小时后小曾终于到了富顺，见到了旅客，旅客见小曾大年初一还为自己送行李，十分感动，连说谢谢，并说："川航的人办事太认真了，什么事全帮旅客想好了。"小曾说："没什么，这是我们应该做的，您的行李晚到了是我们工作没做好，给您带来的不便希望您能谅解，并祝您和您的家人新年快乐。"在清点好行李和办完交接手续后，小曾将行李交给了旅客，此时已是22：00了，小曾又立即赶回自贡市区，因为父母还在家等她吃没有吃完的团圆饭。民航部门为每个民航旅客提供的服务是一个综合的服务，而这种服务是由航空公司及机场等各个具体部门来完成的。要真正满足民航旅客的心理需要，就要为民航旅客提供优质的服务。

任务一
学习电话订票与售票处服务心理与策略

任务单▼

名称	内容	备注
任务目标	了解电话订票与售票处服务的心理与策略； 懂得电话订票与售票处服务的要求； 学会电话订票与售票处服务的策略。	
任务要点	电话订票与售票处服务的策略。	
任务实施	学习前查阅相关知识点； 学习中积极参加课堂互动； 学习后巩固所学知识点，完成课后任务。	

续表

名称	内容	备注
任务运用	对于员工：为电话服务人员和售票员提供专业培训，增强其与旅客的沟通能力。 对于服务流程：持续优化电话订票和售票处售票的流程。 对于技术和设备：投资于先进的电话系统和售票系统，提高服务效率。	
任务反思	电话订票和售票处售票是民航公司与旅客互动的重要环节。了解旅客的心理需要，提供符合他们期望的服务，是确保旅客满意度和与其建立长期关系的关键。通过专业培训和技术升级，民航公司可以更好地满足这些需要，从而提高其市场竞争力。	

知识探究 ▼

一、民航旅客订票心理

（一）购票需求高

民航旅客一旦有购票的需要，就迫切希望自己的需要得到满足，此时的旅客在行为上或多或少带有急躁的情绪。

（二）心理活动变化快

民航旅客心理活动的变化主要取决于旅客的需要是否被满足。如果自己的需要能得到满足，那么旅客急躁的情绪就会消失，愉快的情绪就会出现。如果需要不能立即被满足，那么旅客就会变得急躁或消极，这时如果民航旅客对售票处服务人员的态度或工作不满意，其情绪就会爆发，甚至会与服务人员发生争执。

电话订票与售票处
服务心理与策略

二、订票处民航服务策略

针对民航旅客订票时的心理需要，民航服务人员的服务策略主要有以下几种。

（一）明确民航服务工作的重要性

民航服务人员要明确售票处是整个民航服务工作的起点，也是反映民航服务质量的窗口，这一服务环节的好坏，将直接影响下一服务环节的工作（图9-1）。

图9-1 售票处

小贴士▼

星空联盟关于《不正常航班管理的政策及流程》规定：无论是可控原因还是不可控原因造成的航班延误，当旅客行程被打乱时，无论在哪里出现航班延误，只要时间允许，都要为所有错失衔接航班的旅客提供重新订票服务。通过电话为旅客重新预订当日其他航空公司的票，避免订票后被取消。

（二）注重民航服务人员的职业素养

微笑是人际沟通的最佳方式，即使旅客是电话订票或者线上购票，民航服务人员也应在电话或线上交流中面带微笑，注意说话声音清晰、语气柔和，充分尊重旅客，带给旅客心理上的安全感。

（三）提高民航服务人员的专业素养

民航售票岗位非常特殊，不允许出现问题，一旦出现差错会给旅客造成许多不便。因此，售票处的民航服务人员必须提高专业素养，认真检查旅客购票的证件，认真办理电子票据。

相关链接▼

微笑的魅力

一个微笑总是能触动人们的心灵。春节前的一天，一名旅客到西单售票处柜台想兑换免票，由于旅客忘记了自己的明珠卡密码，所以无法及时兑换。民航服务人员按业务流程将旅客的身份证与明珠卡传真到广州明珠俱乐部，让客人等待广州方面的回复。时间一分一秒地过去了。由于该旅客是请假前来办理业务的，因此在柜台前不停踱步等待，表现出明显的不耐烦。服务人员微笑着对他说："先生，对不起，因为年前兑换免票的人员比较多，请您稍加等候。"一小时后，旅客终于接到了广州方面的电话，而就在广州方面与旅客核实密码等相关信息的时候，旅客开始出言不逊，情绪越来越激动，不断用力摔打柜台的电话，后来干脆挂断电话，将怒火直接转向柜台的工作人员。在旅客的无理谩骂声中，服务人员始终面带微笑，耐心劝解，并积极主动与广州明珠俱乐部联系，想尽办法帮助旅客解决密码问题。几个回合下来，当旅客最终拿到密码时，心里开始有些过意不去了："刚才是我自己太着急了，态度不好，不应该把火气撒到您身上，而您丝毫不介意，还尽心地帮我想办法，真是对不起。"旅客询问留言簿在哪里，想在上面好好表扬一下服务人员。服务人员却说："这是我的工作，没有必要将基本的责任当成好事来宣传，我们柜台任何一个工作人员都会这么做的。"以一个微笑开始，以一个微笑结束。微笑的魅力、倾听的艺术、沟通的技巧是柜台服务人员的制胜法宝。

民航服务行业会遇到各种各样的民航旅客，也难免会听到各种不友好的声音，但是民航服务人员代表的是航空公司的形象，所以说话办事要把握好分寸，要学会换位思考。旅客出言不逊，甚至破口大骂，是因为一时控制不住情绪，让他发泄出来就好了，民航服务人员虽然暂时会受到委屈，但最终还是能得到旅客的支持和理解的。

思考与练习▼

1. 民航旅客订票的心理是什么？
2. 民航服务人员订票服务策略有哪些？

任务二
学习值机处、候机室和行李查询处服务心理与策略

任务单▼

名称	内容	备注
任务目标	了解值机处、候机室和行李查询处的服务心理与策略； 懂得值机处、候机室和行李查询处的服务要求； 学会值机处、候机室和行李查询处的服务策略。	
任务要点	值机处、候机室和行李查询处的服务策略。	
任务实施	学习前查阅相关知识点； 学习中积极参加课堂互动； 学习后巩固所学知识点，完成课后任务。	
任务运用	对于员工：通过培训提高员工的服务意识，使他们能更好地理解和满足旅客的需要。 对于服务流程：持续优化服务流程，减少不必要的等待和延误，提高旅客的满意度。 对于设施和技术：更新、升级机场设施和技术，使其更加人性化、智能化。	
任务反思	民航服务不仅是在飞机起飞和降落时的服务，还包括旅客在机场时的整体服务。了解和满足旅客在值机、等待和查询行李时的心理需要与期望，是提高旅客满意度、建立品牌忠诚度的关键。	

知识探究 ▼

一、值机处服务心理与策略

（一）民航值机处旅客的心理状态

值机处工作范围广，其中与民航旅客接触较多的是办理登机手续和交运行李（图9-2）。当民航旅客购买到机票，前来办理登机手续时，其心理状态一般分为以下两种情况。

图9-2　民航值机处

1．等候办理时的心态：求快、求顺、求尊重

（1）求快

旅客带着行李，不愿意排队，想早点办完登机手续后到候机室休息。

（2）求顺

有的旅客担心自己带的行李较多或行李较大，怕不符合民航有关行李要求，想顺利地办理登机手续。

（3）求尊重

旅客希望民航服务人员能尊重他们，即使因不知道民航相关规定而违背了相关规定，也希望值机处的服务人员能尊重他们，耐心讲解，而不是批评和斥责他们。

2．办理过程中的心态：问题多，要求多

因为涉及切身利益，所以旅客此时问题较多，要求也较多。例如，旅客因不懂民航的相关规定而产生的问题需要问、有困难也要问等。

（二）民航值机处服务策略

针对旅客的这些心理需要，值机处民航服务人员的服务策略应该做到以下几点。

1. 明确值机处的工作性质

明确值机处的工作性质，是做好值机工作的前提条件。值机处的工作与售票处的工作有一定差异，要求值机处民航服务人员具有强烈的服务意识和高度的责任感，在每一个环节都不能有差错。否则，小到影响航班正常起飞，大到影响航空公司的声誉。

2. 满足不同层次旅客的需要

在服务过程中，民航服务人员应该根据不同层次的民航旅客在不同阶段的心理需要提供服务，要主动、热情，一般情况下对旅客的要求或问题，应多给予满足或帮助。至于行李不符合民航规定或超重的问题，尽管不是值机处服务人员的工作，但其仍应主动耐心地向旅客讲明情况，请旅客配合做好行李托运工作。

连线职场 ▼

旅客希望自己被关心的"独占心理"及应对策略

谁都有这样的想法，在事情没办完之前，能独立享受对方的服务，只想让服务人员关心自己。在实际生活中，民航服务人员将时间只分给一位旅客，而让其他旅客等待的话，其服务状态将会变差。为避免此类事情发生，请注意以下几点。

第一，熟练地接待旅客，掌握在短时间内处理事情的能力。例如，民航服务人员和旅客商谈时，另有别的旅客询问，就说"请稍等一下"，处理完第一位旅客的事，再接待另一位旅客。这样既满足了旅客的独占欲望，同时又迅速地处理完了事情，也提升了出色地接待旅客的能力。

第二，别让旅客长时间等待。民航服务人员在旅客等待时，应不时地与旅客交谈两句，在不得已必须中断接待时，应向旅客说明情况，请其稍候。

第三，请求同事帮助。民航服务人员在一个人应付不了时，不要勉强，要向同事请求帮助。这样既解决了自己的难题，同时又向旅客表达了"没有忘记您"的意思。

第四，对旅客公平服务。尤其注意不要给对方留下"受到歧视"的印象。

二、民航候机室服务心理与策略

民航候机室服务心理与策略主要包括三部分内容。

（一）民航候机室服务的特点

候机室（图9-3）的服务在整个民航服务过程中发挥着很重要的作用。从时间来看，它比售票处、值机处服务的时间略长；从服务难度看，当航班不正常时，候机室的服务是整个民航服务中难而重要的部分。

图9-3　候机室

（二）航班延误时民航旅客的心理

1. 情绪波动较大

当民航旅客手持机票进入候机室时，他们的内心应该是平静的，但一旦听到自己乘坐的航班延误或取消，他们就会出现情绪波动。航班延误或取消直接影响旅客原有的计划，使旅客产生急躁的情绪，并在其表情上、言语上、行为上表现出来。原计划越重要，耽误时间越长，旅客的急躁情绪就越强烈。

2. 容易产生错觉

航班延误后，民航旅客在候机室等候时很容易产生错觉，即实际只等了5分钟，但旅客会觉得已经等待很久了，就会出现不耐烦的情绪。

3. 旅客需要增多

由于航班的延误，民航旅客会产生许多新的需要。例如，有的旅客需要打长途电话，有的需要买吃的东西，有的需要休息，等等。而航班延误，也会影响旅客的心情，使旅客产生抱怨与不满情绪，这种情绪将会随着服务过程的延续而延续。如果再遭遇民航服务人员的不良服务，旅客这种潜在的不满情绪就可能爆发出来。

4. 容易出现煽动者

由于行程被延误的人都遇到了相同的事情，拥有同样的心情，这时候如果出现能言善辩、有一定领导力和组织能力的人，他就会把这些原本分散的旅客凝聚成一个群体，提出相应的诉求，增加服务人员处理问题的难度。

（三）航班延误时候机室服务策略

在航班异常的情况下应急事情较多，候机室的服务成为整个民航服务的难点。民航旅客需要多时，候机室服务人员应该做到以下几点。

1. 安抚旅客情绪

民航服务人员要尽可能及时将航班信息通知旅客，在旅客情绪不好时做好解释工作，同时耐心细致地做好航班异常时的服务工作，安抚好旅客，赢得旅客信任。

2. 提供多样化服务

当航班延误或取消而使民航旅客产生时间错觉时，候机室服务人员应具有较强的服务意识和灵活多变的服务技巧来服务好旅客。例如，可以播放电影、发放杂志等让旅客愉快度过等候的时间，消除其不满情绪。

3. 能力范围内尽可能满足旅客需要

航班的异常肯定会给旅客带来许多不便，候机室的服务人员应该充分认识到旅客新的需要，并以更贴心、细致、周到的服务满足旅客合理的新需要。

4. 把煽动者和旅客隔离开

针对煽动性比较强的旅客，可以用一些合法、合规、合理的策略把他请到和其他旅客接触不到的地方，避免群体事件的发酵，增加问题处理难度。

三、行李查询处服务心理与策略

行李查询服务是民航服务的最后一个环节。一般来说，到了这个阶段，民航旅客对行程的需要已经基本满足，随之而来的是对自己的行李安全的需要。由于民航工作的特殊性，旅客的行李是在始发地被搬运上飞机的，在运转过程中各种各样的原因都有可能造成旅客的行李被漏装、破损、被遗失、被运错地方等。因此，负责行李查询的民航服务人员应该了解和掌握旅客的心理。

（一）旅客在行李查询处时的心理状态

民航旅客到达目的地以后，迫切想知道自己行李的下落，急于拿回自己的行李。如果发现自己的行李有问题，旅客就会出现心理落差，情绪变化十分明显，从而产生不满、对抗情绪，有时还可能做出过激行为。民航服务人员应当向旅客解释，安抚旅客的情绪。由于行李出现了问题，旅客要求补偿的心理比较明显，若旅客提出的具体赔偿数额与实际损失数额不相符或远远大于实际损失的数额，民航服务人员要在心理上有所准备，不要激化矛盾，以免造成更大的损失。

（二）行李查询处的民航服务策略

针对民航旅客在行李查询处时的心理，行李查询处的服务人员的服务策略有以下几种。

1. 换位思考

民航服务人员应该站在旅客的角度去对待行李查询的工作。

2. 调整情绪

民航服务人员要调整好自己的情绪，避免在工作中与旅客发生冲突，给自己的工作带来不必要的麻烦。

3. 感化旅客

民航服务人员要用自己积极的工作态度感化旅客，积极地帮助旅客寻找丢失的行李，使旅客在心理上得到安慰。

4. 适当赔偿

当旅客的行李被损坏时，若是民航方面的原因，航空公司应为旅客提供一笔临时生活费用，并进行适当的赔偿。

5. 及时致歉

如果行李出口处检查人员因工作疏忽而造成行李被错拿，民航服务人员应及时弥补，并向旅客致歉。

思考与练习▼

1. 民航订票处、值机处的工作内容和岗位要求是什么？

2. 行李查询处的民航服务人员怎样为行李有问题的旅客服务？

任务三
学习空中服务策略

任务单▼

名称	内容	备注
任务目标	了解空中服务心理与策略； 懂得空中服务的要求； 学会空中服务的策略。	
任务要点	空中服务的策略。	
任务实施	学习前查阅相关知识点； 学习中积极参加课堂互动； 学习后巩固所学知识点，完成课后任务。	
任务运用	针对乘客的心理需要，如安全感、舒适感和关心，进行相应的服务设计。考虑到长途飞行的旅客可能产生压抑、焦虑的情绪，民航服务人员应定期给予关心，提供娱乐项目。	
任务反思	空中服务是民航服务的核心内容之一。了解乘客的心理需要，明确服务要求，并采用有效的策略是提高乘客满意度的关键。这不仅能帮助航空公司赢得乘客的信赖和忠诚，还能提高航空公司的盈利能力和市场竞争力。	

知识探究▼

一、民航旅客在客舱中的心理

当接受过售票处、值机处、候机室的服务之后，旅客登上了飞机，旅客的心理也随着民航服务环节的不同而转变，主要表现为以下两个方面。

（一）安全的需要

旅客的安全需要包括飞行安全和财产安全。空乘服务人员应该尽量保证旅客的人身安全和财产安全。

（二）舒适的需要

舒适的需要是旅客在空中很重要的需要，其中包括物质方面和精神方面的舒适需要。物质方面的舒适需要包括舒适的座位、美味的食品、整洁卫生的环境等方面；精神方面的舒适需要包括乘务员礼貌待人、帮助旅客排忧解难等。

二、空中服务策略

空中服务是整个民航服务过程中的一个非常关键的环节。空中服务的好与坏，乘务员的言行举止，都直接关系到航空公司甚至国家的形象，因此，乘务员的服务策略有以下几方面。

（一）高度重视自己的职责

乘务员要意识到空中服务的重要性，树立强烈的责任意识，明确自己的言行代表着航空公司，代表着祖国，要努力服务好每一位旅客，出色地完成服务任务。

（二）责任心要强

一方面，乘务员要主动详细地向旅客介绍怎样使用飞机上的设备，以确保飞行安全；另一方面，要提醒旅客保管好自己的财物，一旦发现旅客物品遗失，应马上帮助旅客寻找。

（三）服务热情主动

针对旅客在空中的心理需要，乘务员要主动热情地为旅客提供方便，使旅客产生宾至如归的感觉。

（四）要具备处理突发事件的能力

由于飞机是特殊的交通工具，一旦在飞行过程中出现特殊情况，乘务员要具备处理突发事件的能力，并能沉着冷静地妥善处理好。

> **小贴士 ▼**
>
> **空中乘务员的职业道德**
>
> 1. 要热爱自己的本职工作。
> 2. 有较强的服务理念和服务意识。
> 3. 有吃苦耐劳的精神。
> 4. 有热情开朗的性格。
> 5. 刻苦学习业务知识。
> 6. 学会说话。

> **相关链接 ▼**
>
> **空中乘务员的由来**
>
> 20世纪20年代末，世界刚刚兴起用飞机载运乘客，当时的客机上一般都不提供餐食。飞机上的人员也非常简单，只有一两名男服务员负责看管行李，在有些航班上，琐碎的乘务工作干脆由副驾驶员兼任，因此航班的乘务工作非常繁忙。

1930 年 6 月的一天，在美国旧金山一家医院内，波音航空公司驻旧金山董事史蒂夫·斯迁帕森和护士埃伦·丘奇聊天时说："航班乘务工作十分繁忙，可是挑剔的乘客还是牢骚满腹，意见不断。"这时护士突然插话说："先生，您为什么不雇用一些女乘务员呢？姑娘的天性完全可以胜任空中乘务员这份工作的呀！"空中乘务员这一新鲜的词使史蒂夫先生茅塞顿开。

就在 10 天之后，埃伦与其他 7 名女护士作为世界上第一批空中乘务员走上了美国民航客机。

相关链接 ▼

热情服务赢来感谢

我常坐飞机出差、旅行，空乘人员常规问候式的服务，没有给我留下什么值得回味的记忆。可前不久坐了一次飞机，有一位空乘人员的服务及她对服务理念的理解给我留下了深刻的印象。

当时，我乘坐的是北航大连公司的航班，从杭州飞往大连。刚进客舱，一位乘务员就接过我的行李包，帮助找座位，很快把我安顿好。飞机起飞后，她看我大汗淋漓的样子，马上拿来热毛巾对我说："一路上辛苦了，擦把脸吧。"几句暖心的话，让我一扫旅途的劳累。这时，邻座的一个小女孩不知何故啼哭不止，孩子的母亲怎么哄也不行，这位乘务员走过来，和这个小女孩做起了游戏，顿时客舱里洋溢着小女孩的笑声。

安顿好一切后，大概这位乘务员看我年岁已高，怕我汗消了着凉，又及时拿来毛毯盖在我的身上，我被深深地感动了，特意看了下她的胸牌，她叫岳红。我问她："刚才那位小乘客为什么你一过去她就不哭了？"岳红告诉我，她是一名做了母亲的乘务员，她的女儿在幼儿园学了很多游戏，回到家她就让她的女儿教给她游戏，她在航班中常常和淘气的小旅客玩游戏，效果非常好。

我对她说："你们的服务很有人情味，我真的期盼今后出差每次都能坐上你们的飞机。但是这样的服务的确也是很辛苦的。"她却微笑着对我说："乘客乘坐我们的飞机就是我们请进家门的客人，对到自己家的客人，哪有不热情款待的道理。"短短的一句话，使我对乘务员有了一种扑面而来的亲切感。

思考与练习▼

1. 民航旅客在客舱中的心理是什么？

2. 空中服务的策略是什么？

■评价与反思■

学习完项目九的内容，是时候停下来，回顾和反思我们所学的知识了。电话订票和售票处售票是民航公司与旅客互动的重要环节，了解和满足旅客在值机处、候机室和行李查询处的心理需要和期望，了解乘客乘机时的心理需要，明确服务要求，提供符合他们期望的服务并采用有效的策略是提高乘客满意度的关键。通过专业培训和技术升级，民航公司可以更好地满足这些需要，从而提高自己的市场竞争力。

现在，你可以自评一下对项目九的三个任务的学习情况。

■学习评价单■

项目		分值	学生自评	教师评分
知识掌握	1. 了解民航旅客订票时的心理； 2. 掌握电话订票与售票处售票的服务策略； 3. 了解值机处的服务策略； 4. 了解候机室的服务策略； 5. 了解行李查询处的服务策略； 6. 掌握空中服务的策略。	30		
能力运用	1. 能运用课堂中所学的电话订票与售票处售票的服务策略，提高民航服务质量和乘客满意度； 2. 能运用所学知识灵活熟练地处理好在值机处、候机室、行李查询处的旅客的需要，提高民航服务质量和乘客满意度； 3. 针对乘客的心理需要，如安全感、舒适感和关心，进行相应的服务设计。考虑到长途飞行的旅客可能产生压抑、焦虑的情绪，民航服务人员应定期给予关心，提供娱乐项目，能运用所学的空中服务知识高效地为旅客提供服务，提高民航服务质量和乘客满意度。	30		
素质提升	1. 提升对旅客心理需要的关注能力； 2. 提升民航服务人员的基本职业素养。	30		
总结	请简要总结学习本项目的心得体会，包括学习成果、存在的问题和改进措施等。	10		

项目十　处理冲突与投诉

■项目导入■

欢迎来到充满挑战和机遇的这一项目！在旅程中，我们有时候会遇到一些小插曲——那就是冲突和投诉。但别担心，因为通过解决这些问题，可以展示我们的专业技能和卓越服务。首先，我们将深入探讨冲突和投诉产生的源头。是什么原因让这些情况发生？有时候是客观原因，与我们无关，而有时候则是主观原因，通过了解这些原因，我们就可以更好地来应对这些问题，也就是说我们可以从中学到一些经验，以做得更好。其次，我们会探究在冲突和投诉发生时旅客的心理状态。想一想，当人们感到不满或生气时，他们通常是什么心态？如何更好地理解他们的感受，从而更有策略地处理这些情况？我们将在这一项目一起学习这些知识！我们还将探讨如何妥善处理这些冲突和投诉，使旅客感到满意和被理解。这是艺术和科学的结合——艺术在于理解和沟通，科学在于找到解决问题的最佳方法。

我们一起学习如何成为可以妥善处理所有挑战的优秀民航服务人员吧！准备好了吗？我们开始吧！

■心理沙龙■

活动名称：角色扮演之冲突解决

活动目的：

1. 理解不同角色在冲突与投诉情境中的感受和需求；

2. 建立同理心，提高沟通能力；

3. 掌握冲突解决的基本策略。

活动准备：

1. 教室环境布置：将学生分成若干小组，每组 3~5 人。

2. 道具：准备工作证、工牌、服装等，以便学生更好地进入角色。

3. 案例：编写一些常见的冲突与投诉场景，如旅客与民航服务人员、旅客之间的冲突等。

活动步骤：

1. 每组抽取一个案例，并分配角色，如投诉者、被投诉者、旁观者等。

2. 学生根据案例情境进行角色扮演，展示冲突的发生、发展和处理过程。

3. 每组表演完毕后，教师进行评价，引导学生分析冲突的原因、处理方法以及沟通效果。

4. 教师针对每组的表现进行点评，引导学生掌握冲突解决的基本策略，如倾听、同理心、表达、妥协等。

5. 学生根据教师的点评和建议，尝试运用所学的冲突解决策略，再次进行角色扮演。

6. 教师组织学生进行总结，分享在活动过程中的心得体会。

通过这个活动，学生可以更深入地了解冲突与投诉的实质，学会换位思考，提高沟通能力，掌握解决冲突的方法。

情境再现 ▶ ▶

据《第一财经日报》报道：某航空公司航班因"机械故障"造成延误，导致133名乘客滞留在兰州中川国际机场9小时。焦急万分的旅客在漫长无望的等待中，没有得到航空公司任何一位领导对此事的解释。乘客对此非常不满，集体拒绝登机，要求得到航空公司的说法。据机场方面解释，当日该航空公司的航班，在起飞前发现有机械故障。航空公司出于安全考虑，当即通知乘客推迟起飞。"为了旅客安全"这样做一点儿没错，但旅客不明白的是：检修人员早干吗去了？为何不能提早发现，非要到飞机起飞前才临时发现？为此，部分旅客将航空公司投诉至中国民用航空局。

每一位民航旅客都希望自己能够在航空旅行中得到周到、完美的服务。事实上，民航的管理与服务水平、物质条件等差异往往引起不少的误解乃至冲突，有的航空公司和服务人员一而再、再而三地收到旅客的投诉。民航服务人员要实现优质服务，就必须充分了解引起民航旅客与服务人员冲突和旅客投诉的心理原因，全面掌握防止和处理冲突与旅客投诉的重要技巧，将民航服务工作做得更好。

任务一
分析冲突、投诉的原因

任务单▼

名称	内容	备注
任务目标	了解引起冲突与投诉的客观原因； 了解引起冲突与投诉的主观原因； 能够正确分析冲突或投诉行为背后的主观原因或客观原因，有效预防冲突与投诉的发生； 关注旅客的情绪，针对投诉的旅客注重满足他们的情感需要及核心诉求。	
任务要点	掌握提高观察能力的方法。	
任务实施	学习前查阅相关知识点； 学习中积极参加课堂互动； 学习后巩固所学知识点，完成课后任务。	
任务运用	预防冲突； 改善服务质量； 培训和发展； 客户反馈。	
任务反思	引起冲突的情况不仅有外在原因，旅客的内在心理状态和期望也对冲突产生影响。预见潜在的问题并提前解决，可以显著降低冲突发生的可能性。	

知识探究▼

一、客观原因

民航服务工作中，民航服务人员与旅客发生冲突或旅客投诉的客观原因主要有：航班延误；气候突变，临时改变降落地点，机场服务不到位；空中飞行时，旅客突发疾病，救治条件有限；旅客的物品丢失等。旅客内心不满，从而引发冲突或投诉。

冲突、投诉的原因

二、主观原因

民航服务工作中，旅客与民航服务人员发生冲突或旅客投诉的主观原因在于民航服务工作不到位。

民航服务人员对旅客应该始终微笑、有礼貌、热情，但有些民航服务人员往往做得不到位，这就可能导致旅客与民航服务人员发生冲突甚至遭到旅客的投诉。具体地讲，冲突和投诉发生的主观原因有：尊重不到位，沟通不到位，服务不到位，应急处置不到位等。其中，不尊重民航旅客是旅客与民航服务人员发生冲突或旅客投诉的重要原因。民航旅客无论在售票处、候机室、飞机上或是宾馆、餐厅都希望得到民航服务人员的尊重，这是每一个民航旅客的心理需要。

（一）尊重不到位

民航服务人员不主动与旅客打招呼，不主动接待旅客。有的民航服务人员甚至在工作时只顾忙私事，与同事聊天等。当旅客来询问有关事项时，服务人员态度冷淡，爱搭不理，旅客多次招呼服务人员，服务人员毫无反应或应答简单，如"没有""不知道"，等等。

（二）沟通不到位

在民航服务中，一些民航服务人员不注意文明用语和表达方式，欠缺沟通能力，不会察言观色，不会变通处理，缺乏忍辱负重的精神，因较真而冲撞旅客，从而引起与民航旅客的矛盾及冲突。

（三）服务不到位

旅客总是期待热情、周到、细致和耐心的服务，而有些民航服务人员因为责任心不够或者经验不足，应该做的没有做，能够做好的没有做好，本该有耐心而不耐烦，从而引起旅客的不满。

（四）应急处置不到位

例如，旅客突发疾病，如果耐心安抚不够、临时救治不好、善后处理欠妥，就会引起旅客及其亲属乃至其他旅客的不满，有的还可能引发冲突，严重的还会导致连续不断的投诉。

综上所述，在旅客与民航服务人员发生冲突或旅客投诉的两大原因中，主观原因占很大比重。无论是主观原因还是客观原因，归根结底，都是因为旅客心理需要没有得到满足，旅客个人利益受到损害。因此，要想从根本上避免或解决这种冲突，关键在于民航服务人员要提供优质服务：解决旅客的困难，满足旅客心理需要和维护旅客的利益。

思考与练习▼

简要概括旅客与民航服务人员发生冲突与旅客投诉的原因。

任务二
处理民航旅客的冲突与投诉

任务单▼

名称	内容	备注
任务目标	掌握与民航服务人员发生冲突及投诉时旅客的一般心理； 掌握应对冲突与投诉的基本方法； 能够准确地分析引起冲突的原因，有效地沟通、处理好冲突与投诉； 提高观察与沟通能力、理智分析与有效处理冲突的能力，不断提升民航服务水平。	
任务要点	学习应对冲突与投诉的基本方法。	
任务实施	学习前查阅相关知识点； 学习中积极参加课堂互动； 学习后巩固所学知识点，完成课后任务。	
任务运用	冲突预防； 有效的沟通； 冲突解决； 投诉处理； 培训。	
任务反思	旅客的情感和感知觉可能会因外部事件（如航班延误）或内部感受（如疲劳、饥饿）而受到影响。服务人员应该学会从心理学的角度理解和共情旅客的情况，以减少冲突和投诉。	

知识探究▼

处理民航旅客的
冲突与投诉

一、发生冲突及投诉时旅客的一般心理

与民航服务人员发生冲突及投诉时旅客的心理因人而异，但一般来讲有以下几种。

（一）民航旅客要求尊重的心理

每一位旅客都希望得到尊重，更希望他投诉的事情能在第一时间被管理者看见并得到解决，而不是敷衍和拖延。有时本来是小事，由于民航服务人员的敷衍和拖延，不够重视旅客，最终小事变成了大事。

（二）民航旅客的发泄心理

当感到自己的利益确实受到侵害，并且在一定的情况下无法挽回，加之相关的民航服务人员态度又不好时，民航旅客必然会有更大的怨气，有的甚至怒火中烧，对民航服务人员采取投诉的方式表达不满，以使自己的不满情绪得到缓解。

（三）民航旅客的求补偿心理

民航旅客确认自己在经济上或精神上受了一定的损失，向有关部门反映或投诉时希望能得到补偿，这是一种较为普遍的心理状态。

相关链接 ▼

新疆机场 96556 客服热线服务升级

为深入践行真情服务，切实解决旅客乘机出行的痛点、难点问题，方便旅客安全、顺畅、便捷地乘坐飞机出行，进一步提高新疆机场集团所辖 21 个机场的投诉管理工作水平和投诉受理服务质量，不断满足广大旅客现实需求，3 月 15 日，新疆机场集团将 2017 年 5 月 18 日开通的机场客服热线 96556 升级为新疆机场集团投诉受理电话，从而确保新疆机场集团所辖各机场旅客投诉事件件件有回应、件件有着落。同时，在新疆机场集团服务质量管理系统中设置单独的投诉处理功能模块，并与民航局民用航空旅客投诉管理系统对接，确保新疆机场集团和民航局 12326 接到的投诉事件一件不少，形成接诉闭环管理，件件有成效，件件有品质。

新疆机场集团投诉受理电话的开通是贯彻落实以人民为中心理念、践行人民航空为人民要求的具体体现，是贯彻落实新时代党的治疆方略、巩固落实总目标、紧贴旅客民生、推动服务工作高质量发展的必然要求，是积极响应民航局、民航新疆管理局工作部署的行动，是积极融入新格局、落实落细真情服务要求的重要举措。这对打造新疆机场 96556 服务品牌、"天缘 e 行"品牌、中转品牌等具有重要意义。

新疆机场集团所辖各机场将 96556 作为 24 小时统一投诉受理电话，实现统一监督、统一处理、统一管控，全面提升新疆机场集团旅客投诉管理的规范性、标准化和亲和力。96556 电话还具备机场急救、航班查询、安检查询、机场交通查询、行李查询、货运查询、遗失物品查询、投诉建议及人工咨询服务九大服务功能。广大旅客通过电话能够实现信息查询、酒店预订、航司问询、投诉受理等多项需求，同时新疆机场集团形成了统一、专业、全面的客户服务队伍，广大旅客的获得感、安全感、幸福感将不断增强。

二、处理冲突与投诉的对策

冲突与投诉有不同的情况，要针对具体情况，采取相应对策。

（一）冲突发生的情况

旅客与民航服务人员发生冲突时，双方都容易情绪化，并不是每一名民航服务人员的情绪控制力都很强。尤其是在个别旅客无端取闹、小题大做的情况下，双方就很容易使用互相伤害的语言，造成对立的状态，冲突就很可能发生。常见的冲突有以下两种。

1.逐步推进式的直线发展

旅客与民航服务人员似乎都按照各自的性格、脾气、思维方式等，轮番争辩，你一句，我一句，使冲突直线发展。

2.狂风暴雨式的急剧发展

冲突的双方或一方语言异常粗暴，动作异常粗野，冲突双方都控制不住自己时，不顾后果而采取冲动的行为。

（二）处理冲突的对策

根据冲突的这些特点，民航服务人员应该采取以下对策。

1.使双方脱离冲突

让冲突双方脱离肢体和语言上的冲突，这是缓和冲突较为有效的方法。当双方发生冲突时，其他人员应把冲突双方劝开，分别对他们加以安慰，并使他们中的任何一方离开冲突现场。对民航旅客要好言相劝，说明情况，但切记不可指责旅客的过错，以免刺激旅客，使矛盾激化，不利于缓和冲突。若冲突过于激烈，无法在短时间内劝走旅客时，可以先把与旅客发生冲突的民航服务人员替换下来，让其先行离开冲突现场，以缓和冲突。

2.第三方进行调解

其实冲突开始时，双方的矛盾并不大，若其中一方稍加让步，即可和平解决冲突。然而冲突的双方担心对方利用自己的让步得寸进尺，或者把自己的让步当作软弱、怯懦的表现，所以谁也不肯先让步。在争执过程中，有的人为了面子抬高自己，达到自己的某些目的，互相挖苦、辱骂、贬低对方，使得矛盾加剧，事态恶化。在这种情况下，双方已不可能进行协商，只有通过第三方进行调解，才能缓和冲突，互相妥协或解除误会。调解者不能随意偏袒民航服务人员，即使民航服务人员有理，也需要耐心、冷静地对待旅客，切不可寻找理由，证明旅客的错误和过失。这样往往会导致冲突升级，效果适得其反。

3.顺其自然发展

若冲突过于激烈，而且民航服务人员无法脱身时，可让旅客把话说完，不要打断他的话，更不要为自己辩解，认真倾听旅客说话。如果旅客感到民航服务人员在听他讲话、没有不耐烦的表现，他就会平静下来，这样对和平解决冲突有良性推动作用。反之，若急于对旅客进行反驳，冲突往往愈演愈烈。

4.让步

在双方实际利益有冲突的情况下，要想避免公开的冲突，只有妥协。当旅客维护自身利益的时候，让他做出任何让步，他都会觉得自己很失败。民航服务人员要从本职工作的性质及职业道德角度出发，以良好的情感和心态去对待旅客，设身处地地为旅客着想，多考虑旅客的利益，否则旅客心理不平衡，更不可能让步和妥协。民航服务人员仅让步和妥协还不够，有时还需要放弃自己的要求，只有这样才能做到真正的让步。民航服务人员理应做出让步，使紧张的局面得以缓和，主动让步，在大多数情况下能得到旅客的谅解，并且能够体现民航服务人员良好的道德品质。

连线职场▼

民航服务人员处理与旅客的冲突的技巧

1.耐心地倾听

耐心地倾听旅客叙述事情发生的经过，不打断旅客的话。也许他的陈述很无理，甚至十分荒唐，但是必须让他把怨气全部发泄出来。一旦旅客讲完了所有都积在心里的不快，事情也就平息了一半。

2. 不要立即自我辩解

在与旅客发生冲突时，民航服务人员一定不要立即自我辩解。任何辩解都会进一步激发旅客的情绪，争吵更是要不得。一旦发生冲突，民航服务人员要微笑着并认真倾听旅客的抱怨，这其实是给旅客一个心理宣泄的时间，分析旅客抱怨的核心问题，为下一步的工作做准备。

3. 要表示歉意

民航服务人员要主动表示歉意，即使是旅客错了，仍要表示歉意。如果是民航服务企业本身错了，更要表示歉意。歉意不能仅仅停留在语言上，更要体现在行动上，如有可能由具体的工作人员签字负责赔偿。

4. 要提供投诉渠道

如有必要，民航服务人员应向旅客介绍有关投诉人员的姓名、职务及投诉的方法等，避免事态扩大。确保旅客投诉渠道的畅通，一旦发生旅客投诉事件，民航服务人员要第一时间做出回应并给予旅客相应的答复。

5. 确保兑现承诺

确实保证对旅客兑现诺言，沉默只能加剧与旅客的冲突。民航服务人员要注意不要轻易对旅客许诺，一旦许诺，就要兑现。

6. 多为旅客着想

在处理冲突的过程中，民航服务人员应设身处地地替旅客着想，切不可只站在自己的立场用自己的价值观念、处世态度看待问题。民航服务人员要洞察旅客的心理，从旅客的动机、情绪、需求等方面考虑如何为旅客提供更好的服务。

（三）对旅客投诉的处理

我们应该知道，无论旅客投诉的动机如何，旅客面对问题采取投诉的方式，说明他们相信航空公司或者机场能够处理好问题；相信民航服务人员，能把坏事变成好事。他们是希望民航服务人员改进工作的，客观上有利于民航服务人员做好工作，这也为民航的成长提供了契机。如果旅客心中有怨，不是去投诉，而是将民航的坏名声、坏影响到处宣传，这样会更有损民航的声誉和形象。民航服务人员应该尽量避免工作上的差错和不良的服务态度，消除旅客心中的不满，赢得更多的潜在旅客。

民航旅客的投诉一般有两种：一种是用书信或在意见簿上发表意见；另一种是电话投诉或主动找到航空公司直接对话。对通过书信或意见簿的投诉，航空公司通常在接到旅客的投诉信以后，应马上了解事实，若确实是航空公司的过错，应马上回信，赔礼道歉，以获得旅客谅解。对于电话投诉或直接对话的投诉，由于投诉者一般是怒气冲冲地来倾诉他们的不满的，因此，民航服务人员要做到以下几点。

第一，虚心倾听旅客意见，自觉接受旅客监督，认真、及时地处理旅客投诉，实行首诉负责制，维护旅客的合法权益。

第二，接到旅客投诉，民航服务人员首先要站在旅客的立场上考虑问题，考虑是不是自己的工作没有做好，给旅客带来了麻烦；同时还要相信，旅客的投诉总是有理由的。

> **小贴士▼**
>
> **应对旅客投诉的沟通技巧**
>
> 1. 承认旅客投诉的事实而不是去辩解。
> 2. 表示同情和歉意。
> 3. 询问旅客要求并承诺采取措施。
> 4. 感谢旅客的批评指教。
> 5. 快速采取行动并纠正错误（如果不能够满足旅客要求，请提出备选方案供旅客选择）。
> 6. 核查旅客满意度。
> 7. 总结经验教训。

第三，面对旅客的投诉和不满情绪，民航服务人员应首先向旅客道歉并表示愿意承担责任，只要表明了这种态度，旅客的气就已经消了一半了。

第四，为使旅客情绪稳定，民航服务人员应先给他倒杯水，请他坐下慢慢讲。民航服务人员要先向旅客道歉，再询问原因，并将旅客的话认真地从头听到尾（认真记录）。

第五，要做到隔离：一是将投诉旅客与身边的其他旅客隔离，以免旅客之间相互影响；二是将民航服务人员与当事人双方隔离，避免事态进一步恶化。

第六，对于旅客的误解及无辜的指责给予理解的态度，包容旅客的核心是善意的理解。

第七，坚持息事宁人的原则，即在处理旅客投诉的时候放弃自己的观点，避免将事情闹大，也就是自我牺牲和退让。这是民航服务人员有较高的道德修养和心理素质的表现。但是，这种妥协并不是无原则的，应该是以不损害企业利益为前提的一种让步。

第八，旅客无论如何也不满足时，变更时间、场合、人物等方式后再做其他工作。

相关链接 ▼

飞机起飞那一刹那，我们已紧紧相连

某航空学院空乘精品班学员曾秋雨毕业后，被调入乘务队机关负责处理旅客投诉，她把自己所学的知识全部用在了工作中，并有针对性地制定出做好心理准备、设法让旅客消气、对旅客的不幸遭遇表示同情与理解、确认问题所在、以最快速度评估问题的严重性并分清责任和跟踪调查六种处理方式，设身处地地为旅客着想。

有一次，地面工作人员使一位旅客大动肝火，旅客要带着未消的情绪登机，她忙上前说道："先生，您先消消气，有什么我可以帮助您的，您尽管提出来。"随后，她又赶紧送出准备好的温毛巾给旅客擦汗，一杯及时的饮料，真诚的微笑和问候，顿时让旅客原本烦躁不安的情绪也渐渐消散，舒心、适意的感觉拉近了这位旅客与她之间的距离。她说："出门在外谁也不愿意遇到不必要的麻烦，而一些客观原因也不是我们想看到的，我们的乘务员又是公司的'窗口'，旅客发脾气、有牢骚最先冲着我们。其实飞机起飞的那一刹那，在客舱中，我们的乘务员已经与旅客紧紧相连，这是一种奇妙的缘分……"一段朴实无华的话语体现出了她在这平凡岗位上的真情奉献。

思考与练习 ▼

1. 怎样正确对待民航服务过程中出现的差错？

2. 案例分析。

2020年6月的一天，张先生在首都国际机场转机，走进二号候机楼的时候，看到国内某航空公司的值机柜台前聚集了三四十人，他们在与当班的工作人员进行激烈的争吵，那场面快要达到白热化的程度了，涌动的人群，随时都有发生肢体冲突的可能。

原来，该批乘客乘坐该航空公司的飞机飞往包头。结果，乘客走下飞机4小时后，该航空公司未对乘客进行妥善的安排，对于续飞航班的飞行问题也未做出让乘客满意的答复，由此双方产生语言冲突。面对乘客，值机人员毫不客气，保护着自己的"尊严"，争取自己的"平等权利"，结果场面十分混乱。后来，该航空公司某高层人员介入此事，立刻与旅客摆明道理，接着

告诉旅客这种事情常常发生，然后道歉。旅客对这样的结果表示非常不满。

设想你是该航空公司的工作人员，结合本项目所学知识，分析这起事件的原因，并谈谈应该怎样处理这起事件。

■评价与反思■

恭喜你已经完成了项目十的学习，我们一起来回顾和反思在这一项目所学的知识吧。

引起冲突的情况不仅有外在原因，旅客的内在心理状态和期望也对冲突产生影响，预见潜在的问题并提前解决，可以显著降低冲突发生的可能性。旅客的情感和感知觉可能会由于外部事件（如航班延误）或内部感受（如疲劳、饥饿）而受到影响。服务人员应该学会从心理学的角度理解和共情旅客，以减少冲突和投诉的发生。

现在，我们可以自评一下对项目十的三个任务的学习情况。

■学习评价单■

项目		分值	学生自评	教师评分
知识掌握	1. 了解引起冲突与投诉的主观原因及客观原因； 2. 掌握与民航服务人员发生冲突及投诉时旅客的一般心理； 3. 掌握应对冲突与投诉的基本方法。	30		
能力运用	1. 能够正确分析冲突或投诉行为背后的主观原因或客观原因，有效预防冲突与投诉的发生； 2. 能够准确地分析引起冲突的原因，有效地沟通，处理好冲突与投诉。	30		
素质提升	1. 注重在民航服务过程中不断提升自我的观察能力与表达能力； 2. 提高职业道德素养，通过倾听识别旅客的具体需求，从而为他们提供更加个性化的优质服务。	30		
总结	请简要总结学习本项目的心得体会，包括学习成果、存在的问题和改进措施等。	10		